Cultura judía

101 destacadas tradiciones culturales judías

Índice

Introducción

En un mundo en constante cambio, donde las tradiciones a veces se desvanecen en el olvido, hay algo profundamente enriquecedor en conectar con el pasado. Piense en abrazar el patrimonio que ha dado forma a culturas y comunidades a lo largo de los siglos. A través de esta conexión, se encuentra un significado, un sentido de continuidad y una plétora de historias que resuenan a través del tiempo. Es la esencia de "Cultura judía:101 destacadas tradiciones culturales judías".

Este libro es una puerta de entrada al mundo de la cultura, las tradiciones y los rituales judíos. Es una oportunidad para embarcarse en un viaje que desvela el corazón mismo de un patrimonio vibrante y perdurable. Quizá se pregunte, ¿por qué debería ahondar en la historia y la tradición? La historia encierra un tesoro de sabiduría, identidad y perspicacia que puede enriquecer su vida de formas inesperadas. Al ahondar en el pasado, comprenderá mejor el presente. Al hacerlo, forja un futuro más informado e iluminado.

Guía completa del patrimonio judío

La cultura judía es una guía completa con una visión holística de la herencia judía. Tanto si es nuevo en el tema como si desea profundizar sus conocimientos, este libro se ha elaborado teniendo en cuenta sus necesidades. Es una brújula que navega por los entresijos del judaísmo, ofreciéndole una hoja de ruta para explorar las diversas facetas que definen su esencia.

Accesible e interesante

Uno de los rasgos definitorios de la "Cultura judía" es su accesibilidad. Conceptos complejos se presentan de una manera fácil de entender sin sacrificar la profundidad y autenticidad que el tema merece. Este libro es su compañero, guiándole a través de un mundo de tradición, simbolismo y celebración. Es perfecto para principiantes y para quienes desean reencontrarse con sus raíces.

Todo lo que necesita en un solo lugar

En un mar de información, puede resultar abrumador reconstruir el rompecabezas del patrimonio de una cultura. *Cultura judía* resuelve este problema reuniendo en sus páginas todo lo que se necesita saber sobre la tradición judía. Desde las sagradas observancias del shabat hasta las influencias culturales de la diáspora judía, este libro es un recurso exhaustivo que no deja piedra sin remover.

El poder de la comprensión

¿Por qué es tan importante comprender la historia y la tradición? Al explorar las historias, costumbres y rituales de la cultura judía, se descubre una apreciación más profunda de los relatos que han dado forma a las sociedades durante generaciones. Conocerá los valores que han guiado a las comunidades a través de retos y triunfos y descubrirá los hilos comunes que entretejen a la humanidad.

Ideas únicas para los tiempos modernos

Este libro es un viaje a través de la historia, pero también presenta ideas que resuenan en las complejidades del mundo moderno. La importancia de la tradición en una vida acelerada se hace evidente al reconocer cómo la sabiduría antigua puede ofrecer orientación y un sentido de pertenencia en medio del cambio.

Al adentrarse en las profundidades de la cultura judía, adquirirá conocimientos y abrirá su corazón a las historias de generaciones pasadas que siguen resonando con significado y propósito. Es hora de explorar los rituales que conforman la vida judía, descubrir los símbolos que encierran profundos significados y las melodías que han resonado a través de los siglos. En su viaje a través de estos capítulos, encuentre inspiración, conexión y un renovado aprecio por los tesoros que aporta la herencia. ¡Su aventura le espera!

Capítulo 1: Shabat y tradiciones sagradas

En el suave abrazo del viernes por la noche, los hogares judíos de todo el mundo experimentan un cambio transformador. Lo ordinario se convierte en sagrado, lo mundano se eleva, y el ritmo apresurado de la vida moderna da paso a la serena y apreciada tradición del shabat.

Estos rituales milenarios no son meros actos de fe, son los hilos que tejen la identidad judía.

El Santuario Semanal: Shabat (día de descanso)

Pocas tradiciones sagradas judías son tan vibrantes y duraderas como el shabat. Es el oasis sagrado que llega al final de cada semana. Arraigado en la historia antigua e impregnado de un significado intemporal, el shabat es un faro de descanso, reflexión y renovación en el calendario judío.

Orígenes históricos

Para apreciar realmente la belleza del shabat, hay que remontarse a sus orígenes. La historia comienza con el Libro del Génesis, donde Dios descansó el séptimo día después de seis días de creación. Este acto divino de descanso estableció un modelo para la humanidad. Uno de cada siete días está dedicado a reponer el espíritu y nutrir el alma.

El shabat, a menudo llamado "sábado", conmemora el descanso de Dios y sirve de conexión tangible con la divinidad. Es un día en el que se ordena a los judíos dejar de trabajar, un acto simbólico de imitación de la pausa creativa de Dios, pero el shabat es más que un descanso semanal.

Es una profunda afirmación de la identidad judía, un día para disfrutar de las alegrías de la familia, la comunidad y la reflexión espiritual.

Prácticas de observancia

Los hogares judíos dan la bienvenida al shabat encendiendo velas

Olaf.herfurth, CC BY-SA 3.0 <https://creativecommons.org/licenses/by-sa/3.0>, vía Wikimedia Commons: https://commons.wikimedia.org/wiki/File:Shabbat_Candles.jpg

La observancia del shabat comienza al atardecer del viernes y concluye al anochecer del sábado, con una duración aproximada de veinticinco horas. Durante este paréntesis sagrado, se desarrollan una serie de costumbres y rituales, cada uno cargado de significado simbólico:

- **Encendido de velas**: Los hogares judíos dan la bienvenida al shabat encendiendo velas cuando el sol se oculta en el horizonte. Este acto significa la transición de lo mundano a lo sagrado e infunde calidez y espiritualidad al hogar.

- **Kidush**: La cena del viernes comienza con el Kidush, una bendición sobre el vino o el zumo de uva. Esta bendición santifica el día y recuerda a los participantes el vínculo sagrado entre el pueblo judío y Dios.

- **Jalá**: Un pan trenzado especial, la jalá, adorna la mesa del shabat. Antes de comer, se recita una bendición en reconocimiento del sustento proporcionado por el Creador.

- **Descanso del trabajo:** El shabat es un día de completo descanso, y la ley judía tradicional prohíbe realizar actividades que entren en la categoría de trabajo. Este cese del trabajo fomenta una sensación de tranquilidad y atención al volver a centrar la mente en lo divino.

- **Servicios en la sinagoga:** Los judíos se reúnen en sinagogas para rezar y celebrar el culto comunitario los viernes por la noche y los sábados por la mañana. Estos servicios son una expresión comunitaria de devoción y unidad.

- **Las comidas del shabat:** Las comidas del viernes por la noche y del sábado por la tarde son fundamentales para la observancia del shabat. Estas reuniones con la familia y los amigos están impregnadas de bendiciones, canciones y un ambiente festivo.

- **Havdalá:** Cuando el shabat se acerca a su fin, se celebra una ceremonia llamada havdalá. Consiste en encender una vela única de varias velas, oler especias y recitar bendiciones. La havdalá marca la separación entre el día sagrado de descanso y la semana laboral que se avecina.

El profundo impacto

El shabat no es solo un día de descanso físico, sino una pausa espiritual. Es una oportunidad para recargar las pilas del alma. Es un recordatorio semanal de lo que realmente importa en la vida: la conexión, la gratitud y la reverencia a la divinidad. A través del shabat, la tradición judía nos enseña la importancia del equilibrio, recordándonos que incluso en las vidas más ajetreadas debe haber momentos de respiro y reflexión. En un mundo marcado por el movimiento constante, el shabat es el momento en que las familias se reúnen, las oraciones se elevan y el espíritu encuentra consuelo. Es una tradición que trasciende generaciones y conecta a los judíos a través del tiempo y el espacio con una herencia común y un ritmo de vida sagrado.

Rosh Hashaná: Un nuevo año con tradición

Rosh Hashaná, el Año Nuevo judío, atrae con su mezcla de historia y actualidad. Arraigado en antiguas costumbres, es muy apreciado en la vida judía actual.

Orígenes históricos

El Rosh Hashaná, que tiene su origen en la Antigüedad, significa un tiempo de juicio e introspección. Marca la apertura del "Libro de la vida" y los diez días previos al Yom Kipur, el Día de la Expiación.

El toque del shofar da comienzo a Rosh Hashaná

Prácticas de observancia

- **Toque del shofar**: El resonante toque del shofar, una trompeta de cuerno de carnero, da comienzo a la festividad e inspira la reflexión y el arrepentimiento.
- **Tashlij**: Al arrojar simbólicamente los pecados al agua, el tashlij encarna el deseo de empezar de nuevo.
- **Comidas festivas**: Los banquetes de Rosh Hashaná incluyen alimentos simbólicos como manzanas y miel, que representan un año dulce.
- **Oración y servicios en la sinagoga**: Los judíos se reúnen para recitar oraciones especiales de Rosh Hashaná, reconociendo el papel de Dios como juez y rey.
- **Reflexión personal**: Las vacaciones incitan a la introspección, a la búsqueda del perdón y a la fijación de objetivos.

Vinculación con la vida judía moderna

El mensaje intemporal de Rosh Hashaná trasciende la historia. Fomenta los lazos familiares, como el de Sara, que comparte: *"Se trata de apreciar las conexiones y establecer intenciones para el año que comienza".*

Rosh Hashaná resuena en este mundo acelerado, ofreciendo momentos de reflexión y conexión. Encarna la perdurable relevancia de la tradición, inspirando renovación y esperanza. En esencia, Rosh Hashaná le recuerda que la historia vive dentro de las personas. Las costumbres ancestrales dan forma a su vida, y el crecimiento personal y las conexiones significativas permanecen intemporales.

Yom Kipur: El Día de la Expiación

En el mosaico de las fiestas judías, el Yom Kipur destaca como un día de profunda introspección, expiación y transformación. Este día solemne, conocido como el Día de la Expiación, tiene un rico legado histórico y un profundo significado en la vida judía moderna.

Orígenes históricos

Yom Kipur tiene sus raíces en la Antigüedad. Es la culminación de los diez días de arrepentimiento, que comienzan con Rosh Hashaná. La Torá designa el Yom Kipur como un día de ayuno, oración y reflexión espiritual. Históricamente, recuerda la entrada del sumo sacerdote en el Lugar Santísimo del antiguo templo para pedir perdón por los pecados del pueblo.

Prácticas de observancia

La observancia del Yom Kipur está marcada por una serie de prácticas encaminadas a una profunda introspección y reconciliación:

- **El ayuno**: Yom Kipur es un día de ayuno completo, absteniéndose de comer y beber durante aproximadamente veinticinco horas. Este acto físico simboliza la purificación y la concentración en el alma.

- **Oración y servicios sinagogales**: Los judíos se reúnen para celebrar largos servicios en la sinagoga, con oraciones especiales y confesiones, incluido el Vidui, en el que se reconocen los pecados.

- **Reflexión y arrepentimiento**: El Yom Kipur impulsa a las personas a una profunda introspección. Es el momento de buscar el perdón de Dios y de los seres humanos, reparar las relaciones y buscar la reconciliación.

- **Vestimenta blanca:** Muchos judíos visten de blanco en Yom Kipur, símbolo de pureza y de un nuevo comienzo.
- **Servicio de Neilá:** El servicio final de Yom Kipur, Neilá, conlleva un sentido de urgencia, representando la última oportunidad para el arrepentimiento.

Vinculación con la vida judía moderna

Con su eterna llamada al autoexamen y la expiación, Yom Kipur invita a las personas a reflexionar sobre sus actos, buscar el perdón y abrazar la posibilidad de la renovación. Recuerda a sus seguidores que la paz interior es un camino de importancia universal. Al observar el Yom Kipur, usted participa en una profunda tradición que tiende un puente entre el pasado y el presente, ofreciendo la esperanza de un futuro más compasivo y más autoconsciente.

Sucot: La Fiesta de los Tabernáculos

Entre las diversas celebraciones judías, el Sucot brilla como una radiante fiesta conocida como la Fiesta de los Tabernáculos. Arraigada en la historia e impregnada de simbolismo, el Sucot tiende un puente entre el mundo antiguo y el moderno con una celebración de unidad, gratitud y alegría por la cosecha.

Orígenes históricos

Los orígenes de Sucot se remontan a los tiempos bíblicos y conmemoran el viaje de los israelitas por el desierto. Sirve para recordar las viviendas temporales, o el Sucot, en las que vivieron los israelitas durante su peregrinación. La fiesta también coincide con la época de la cosecha en el antiguo Israel, por lo que es un momento de agradecimiento por las bondades de la tierra.

Prácticas de observancia

La sucá se construye cuando se celebra el Sucot

La celebración de Sucot está marcada por una deliciosa variedad de costumbres y rituales:

- **Construcción de la sucá:** Un elemento central de Sucot es la construcción de una sucá, un refugio temporal de techo abierto. Las familias y las comunidades se reúnen para construir y decorar las sucás, a menudo adornadas con frutas, follaje y adornos.

- **Lulav y Etrog:** Durante el Sucot, los judíos agitan un lulav (un conjunto de ramas de palma, mirto y sauce) y un etrog (un fruto del cidro) en seis direcciones para simbolizar la presencia de Dios en todas partes.

- **Comidas festivas:** Sucot se celebra con alegres comidas en la sucá, que recuerdan a los participantes las bendiciones de la cosecha. Es costumbre invitar a los comensales, e incluso recibir a las figuras bíblicas de Abraham, Isaac y Jacob como invitados simbólicos, conocidos como ushpizin.

- **Hoshaná Rabá:** El séptimo día de Sucot, los judíos celebran un ritual único llamado Hoshaná Rabá, en el que rodean la sinagoga con el lulav y el etrog, en busca de las bendiciones divinas.

Vinculación con la vida judía moderna

Sucot trasciende sus raíces históricas y encarna un mensaje intemporal de gratitud, comunidad y humildad. En el mundo actual, Sucot es un recordatorio significativo de la importancia de apreciar las alegrías pasajeras de la vida y fomentar la unidad. Anima a las personas y a las familias a hacer una pausa, pasar tiempo al aire libre y reconocer la impermanencia de nuestras posesiones materiales.

Rachel, una joven madre, nos cuenta: *"El Sucot se ha convertido en una hermosa tradición para nuestra familia. Nos reunimos en la sucá, a cielo abierto, compartiendo comidas, historias y risas. Es un recordatorio de nuestra conexión con la naturaleza y de la importancia de abrazar lo temporal".*

Janucá: Fiesta de las Luminarias

Janucá, o Fiesta de las Luminarias, es una festividad judía con un rico trasfondo histórico. Conmemora los milagrosos acontecimientos en los que el pueblo judío, bajo el liderazgo de los macabeos, recuperó el Templo Sagrado de Jerusalén de manos de los opresores greco-sirios. Esta victoria trascendental marcó el fin de la persecución religiosa y el retorno de la soberanía judía a su patria.

Orígenes históricos

Los orígenes de Janucá se remontan a un periodo tumultuoso de la historia judía. En el siglo II a.C., Israel estaba bajo el dominio del Imperio seléucida, que pretendía suprimir las costumbres judías e imponer la cultura helenística. Un pequeño grupo de rebeldes judíos, liderados por Judá Macabeo, se levantó contra los opresores y, contra todo pronóstico, recuperó el Templo Sagrado de Jerusalén.

El milagro de Janucá, que significa "dedicación" en hebreo, ocurrió durante la rededicación del Templo. Según la tradición, una sola vasija de aceite de oliva consagrado, suficiente para un día, ardió milagrosamente durante ocho días hasta que se pudo preparar aceite nuevo. Este milagro se celebra con el encendido de la menorá durante Janucá.

Prácticas de observancia

La menorá es la pieza central de Janucá
https://www.pexels.com/photo/gifts-for-hanukkah-1033351/

La celebración de Janucá está marcada por una gran variedad de costumbres y tradiciones:

- **Encender la menorá:** La pieza central de Janucá es la menorá, un candelabro de nueve brazos. Se enciende una vela cada noche durante ocho noches, con una novena vela, el shamash (sirviente), que se utiliza para encender las demás. Este ritual simboliza el aumento de la luz y la esperanza durante la fiesta.

- **Jugar al dreidel:** El dreidel, un trompo con letras hebreas, es un juego tradicional de Janucá. Los jugadores utilizan fichas (a menudo monedas de chocolate) y hacen girar el dreidel para determinar el reparto del pozo.

- **Sufganiót y latkes:** Janucá es época de deliciosas comidas como los sufganiót (rosquillas rellenas de gelatina) y los latkes (tortitas de patata), tradicionalmente fritas en aceite para conmemorar el milagro del aceite.

- **Hacer regalos:** En algunas comunidades judías, sobre todo en la diáspora, es costumbre intercambiar regalos durante Janucá, en consonancia con la práctica cultural más general de hacer regalos durante las fiestas.

Relevancia actual

En la vida judía moderna, Janucá es un faro de esperanza, resistencia y libertad religiosa. Es un momento para que las familias se unan, estrechen lazos e inculquen un sentimiento de identidad y orgullo por su herencia. Más allá de su significado histórico, el mensaje de Janucá de difundir la luz en los tiempos más oscuros resuena universalmente, trascendiendo las fronteras religiosas.

Cuando el resplandor de la menorá atraviesa la noche invernal, nos recuerda el poder perdurable de la fe, la perseverancia y el triunfo del bien sobre la adversidad. Janucá es una celebración no solo del pasado, sino también una luz que guía el presente y el futuro, iluminando el camino hacia la unidad y la esperanza para todos.

Simjat Torá: Celebración de la finalización y renovación de la Torá

Simjat Torá, "Regocijo en la Torá", es una jubilosa fiesta judía que marca la culminación del ciclo anual de lectura de la Torá y el comienzo de uno nuevo. Esta ocasión festiva rebosa renovación espiritual y energía.

Orígenes históricos

Los orígenes de Simjat Torá se remontan al exilio babilónico, cuando estaba prohibida la lectura pública de la Torá. A su regreso a Israel, los judíos empezaron a leer toda la Torá en un año, lo que dio lugar al Simjat Torá que se celebra hoy en día.

Prácticas de observancia

- **Hakafot (Círculos de la Torá):** En Simjat Torá se celebran alegres procesiones, las "hakafot", en las que los rollos de la Torá desfilan por la sinagoga acompañados de cantos, bailes, banderas y música.

- **Aliyot (Honores de la Torá):** Los congregantes son llamados a la Torá para las aliyot, recitando bendiciones antes y después de leer una porción de la Torá, un honor venerado.

- **Lecturas del final y del principio:** Simjat Torá incluye la lectura de los versículos finales del Deuteronomio seguidos de los versículos iniciales del Génesis, simbolizando la naturaleza cíclica del estudio de la Torá.

- **Cantos y bailes:** La fiesta está marcada por animados cantos y bailes en los que participan personas de todas las edades, lo que fomenta el sentido de comunidad.

Integración en la vida judía moderna

Simjat Torá conserva su importancia en la vida judía moderna como recordatorio del vínculo perdurable entre el pueblo judío y la Torá. Hace hincapié en el aprendizaje permanente, la unidad y la celebración de la identidad judía en un mundo en constante cambio. Esta fiesta inspira y une a judíos de diversas procedencias, reforzando su patrimonio y sus valores comunes.

Sefirat HaOmer: El viaje espiritual de contar

Sefirat HaOmer, la "cuenta del Omer", es un periodo de siete semanas del calendario judío que une la Pascua judía y Shavuot. Durante este tiempo, los judíos reflexionan sobre el crecimiento espiritual, observando tradicionalmente un luto parcial.

Orígenes históricos

Sefirat HaOmer recibe su nombre de la orden bíblica de contar los días desde el segundo día de Pascua hasta Shavuot, simbolizando el viaje desde la liberación (Pascua) hasta la iluminación espiritual (Shavuot). Históricamente, recuerda la preparación del pueblo judío para recibir la Torá en el monte Sinaí. Espiritualmente, es un tiempo para la introspección y el crecimiento personal, el refinamiento de los rasgos de carácter y la profundización de la conciencia espiritual.

Prácticas de observancia

- **Contar el Omer:** Cada noche, desde la segunda noche de Pascua hasta la víspera de Shavuot, los judíos recitan una bendición y cuentan el Omer, declarando verbalmente el día del recuento.

- **Luto parcial:** Tradicionalmente, este periodo implica un luto parcial, restringiendo actividades como bodas y cortes de pelo. Algunos también se abstienen de escuchar música.

- **Lag BaOmer:** El 33º día del Omer, Lag BaOmer, es un día de celebración marcado por hogueras, excursiones y bodas.

Integración en la vida judía moderna

Sefirat HaOmer ofrece un marco para la superación personal, la atención plena y el desarrollo del carácter en la vida judía actual. Recuerda a los individuos que el crecimiento personal es un viaje gradual que requiere esfuerzo y compromiso diarios.

Además, conecta dos importantes festividades judías, subrayando la continuidad de la tradición y la importancia de recibir la Torá. Este periodo fomenta la reconexión con los valores y enseñanzas fundamentales en un mundo de distracciones.

Sefirat HaOmer invita a los judíos a embarcarse en un viaje interior hacia la superación personal, el crecimiento espiritual y una conexión más profunda con su herencia y su fe, encapsulando la sabiduría intemporal de la tradición judía.

Lag Baomer: Encender la alegría en medio de la reflexión espiritual

Lag BaOmer, el 33º día de la cuenta del Omer, surge como una celebración radiante dentro de la sombría temporada de Sefirat HaOmer. Las festividades y la iluminación de las hogueras marcan esta fiesta judía única.

Orígenes históricos

El nombre "Lag BaOmer" combina "Lag", que significa las letras hebreas Lamed (30) y Gimel (3), con "BaOmer", que representa el 33º día de la cuenta del Omer. Lag BaOmer tiene sus raíces en el misticismo judío y en las enseñanzas de Rabí Shimon bar Yojai, un venerado sabio del siglo II de nuestra era. Aunque este día se conmemora el fallecimiento de Rabí Shimon, se celebra como un día de alegría, porque reveló las enseñanzas místicas del Zohar antes de morir.

Prácticas de observancia

Durante Lag Baomer se encienden hogueras para simbolizar la iluminación espiritual de las enseñanzas de Rabí Shimon

- **Hogueras**: Encender hogueras es una costumbre central de Lag BaOmer, que simboliza la iluminación espiritual de las enseñanzas de Rabí Shimon. Las comunidades se reúnen alrededor de estas llamas para cantar, bailar y contar historias.
- **Bodas y celebraciones:** Lag BaOmer levanta temporalmente las restricciones del luto, permitiendo bodas, cortes de pelo y otros acontecimientos alegres en este día.
- **Peregrinación a Merón:** Miles de judíos peregrinan a la tumba del rabino Shimon en Merón, Israel, donde las celebraciones incluyen bailes, oraciones y reuniones comunitarias.

Integración en la vida judía moderna

Lag Baomer es un recordatorio conmovedor de que pueden encontrarse momentos de alegría y celebración incluso durante la reflexión espiritual. Subraya la profundidad de la tradición judía y la importancia de transmitir las enseñanzas místicas. En el vertiginoso mundo actual, Lag Baomer ofrece la oportunidad de vivir en comunidad, unidos y compartiendo la sabiduría ancestral.

Esta fiesta tiende un puente entre lo antiguo y lo contemporáneo, encarnando la naturaleza intemporal de la espiritualidad judía. Anima a buscar momentos de luz y celebración en medio de los retos de la vida, ofreciendo inspiración y unidad a los judíos de todo el mundo.

Tu B'Av: Día judío del amor, una celebración moderna del afecto

Tu B'Av, conocido como "Día judío del amor", es una fiesta judía que se celebra el día 15 del mes hebreo de Av. Aunque sus orígenes se remontan a la búsqueda de pareja para mujeres solteras, hoy en día se suele comparar con el Día de San Valentín, una celebración del amor y el afecto.

Orígenes históricos

Tu B'Av tiene raíces ancestrales como día de búsqueda de pareja en tiempos del Segundo Templo de Jerusalén. En este día, las mujeres solteras se ponían vestidos blancos y bailaban en los viñedos, mientras que los hombres jóvenes acudían en busca de posibles esposas. Era una ocasión alegre que simbolizaba la búsqueda del amor y la perpetuación del pueblo judío.

Prácticas de observancia

- **Celebrar el amor:** Tu B'Av se ha convertido en un día para celebrar el amor en todas sus formas. Las parejas expresan su afecto mediante gestos románticos, como flores, tarjetas y regalos especiales.

- **Reuniones al aire libre**: Al igual que en sus orígenes históricos, algunas personas lo celebran al aire libre, dando paseos a la luz de la luna, haciendo picnics o incluso bailando en los viñedos.

- **Actos de bondad**: Muchos aprovechan Tu B'Av para realizar actos de bondad y difundir el amor y la positividad en sus comunidades.

Tu B'Av versus a San Valentín

Tu B'Av y San Valentín celebran el amor, pero tienen antecedentes históricos y culturales distintos. Tu B'Av tiene sus raíces en la tradición y la historia judías, mientras que San Valentín es una fiesta más laica de origen cristiano.

Sin embargo, ambas festividades hacen hincapié en la importancia de expresar amor y afecto a las personas cercanas. En los tiempos modernos, Tu B'Av se considera a menudo un día para fortalecer las relaciones románticas y mostrar aprecio por los seres queridos, alineándolo con el espíritu del Día de San Valentín.

Tu B'Av ha evolucionado desde sus orígenes históricos de bpusqueda de pareja hasta convertirse en una celebración moderna del amor y el afecto en el calendario judío. Sirve para recordar que el amor es un vínculo universal e intemporal que trasciende las fronteras culturales y une a las personas.

Yom Hashoá: Honrar la tragedia inolvidable

Yom Hashoá, conocido como Día del recuerdo del Holocausto, es un día solemne dedicado a recordar a los seis millones de judíos que murieron trágicamente durante el Holocausto.

Orígenes históricos

Yom Hashoá fue establecido en Israel en 1953 por la Knesset, el parlamento israelí, para honrar la memoria de las víctimas del Holocausto. La fecha elegida para esta sombría ocasión es el 27º día del mes hebreo de nisán, que suele caer en abril o mayo. Se eligió esta fecha, porque coincide con el comienzo del Levantamiento del gueto de Varsovia en 1943, símbolo de la resistencia judía contra los nazis.

Prácticas de observancia

- **Ceremonias conmemorativas:** Yom Hashoá está marcado por ceremonias solemnes en sinagogas, escuelas y monumentos conmemorativos del Holocausto. Estas ceremonias incluyen el encendido de velas, la recitación del Kadish (la oración de los dolientes) y la lectura de los nombres de las víctimas del Holocausto.

- **Conmemoraciones públicas**: En Israel, suena una sirena y todo el país guarda dos minutos de silencio en memoria de las víctimas. En todo el país se celebran actos públicos, testimonios de supervivientes y programas educativos.

- **Iniciativas educativas:** Yom Hashoá tiene que ver con la educación sobre el Holocausto. Escuelas e instituciones de todo el mundo organizan conferencias, exposiciones y debates para garantizar que la memoria del Holocausto se transmita a las generaciones futuras.

Integración en la vida judía moderna

Yom HaShoá es un solemne recordatorio de la inmensa tragedia humana que tuvo lugar durante el Holocausto. Subraya la importancia de dar testimonio de la historia, preservar la memoria de las víctimas y prometer "nunca más". En el mundo actual, en el que persisten el antisemitismo y los delitos motivados por el odio, Yom Hashoá transmite un mensaje conmovedor sobre las consecuencias de la intolerancia y la discriminación.

Yom Ha'atzmaut: Celebración del triunfo de la independencia de Israel

Yom Ha'atzmaut, también conocido como Día de la Independencia de Israel, es una jubilosa fiesta nacional que conmemora la creación del moderno Estado de Israel en 1948. Marca un momento extraordinario en la historia judía y sirve como símbolo de resistencia y determinación.

Orígenes históricos

Yom Ha'atzmaut se celebra el 5º día del mes hebreo de iyar, correspondiente a la fecha del 14 ó 15 de mayo del calendario gregoriano. Esta fecha representa la culminación de los esfuerzos del movimiento sionista y la proclamación del Estado de Israel por David Ben-Gurión el 14 de mayo de 1948. Tras casi dos milenios de diáspora, persecución y anhelo de una patria, el pueblo judío fue testigo del renacimiento de un estado judío soberano en su tierra ancestral.

Prácticas de observancia

- **Ondear de banderas y desfiles:** Las ciudades israelíes cobran vida con ondear de banderas, desfiles callejeros y animadas celebraciones. Es un momento de alegría y unidad en el que participan personas de todas las edades.

- **Fuegos artificiales y conciertos:** Espectaculares fuegos artificiales iluminan el cielo nocturno, y en todo el país se celebran conciertos de música y cultura israelíes.

- **Ceremonias conmemorativas:** La transición de Yom HaZikarón (Día de la recordación) a Yom Ha'atzmaut está marcada por una ceremonia nacional en el Monte Herzl de Jerusalén. Esta transición del luto a la celebración es un conmovedor recordatorio de los sacrificios realizados por la existencia de Israel.

- **Comidas tradicionales:** Como muchas fiestas judías, Yom Ha'atzmaut se celebra con comidas tradicionales, como falafel, hummus y ensaladas israelíes.

Integración en la vida judía moderna

Yom Ha'atzmaut es un día de orgullo y solidaridad en las comunidades judías contemporáneas. Destaca la importancia de apoyar y fortalecer a Israel como patria para los judíos, al tiempo que reconoce las complejidades de su panorama político y social moderno. Anima a las personas y comunidades judías a comprometerse con Israel en términos de sus retos y logros, fomentando una conexión más profunda con la patria judía.

El shabat y las fiestas que lo rodean son un momento de alegría y celebración para muchas comunidades judías de todo el mundo. Estos importantes días recuerdan a la gente que debe reflexionar sobre las tradiciones, honrar nuestra historia y celebrar los valores que unen a las personas. Desde Tu B'Av, Yom Hashoá y Yom Ha'atzmaut hasta el propio shabat, estos días sagrados son parte integrante de la vida judía y brindan oportunidades significativas para conectar con la herencia.

Capítulo 2: La rueda de la vida

En la tradición judía, la vida se desarrolla a través de momentos profundos y significativos. Desde el nacimiento hasta la edad adulta, el amor y la pérdida, estos hitos son los hilos que tejen la identidad y la comunidad judías. Desde las alegres celebraciones del nacimiento y la mayoría de edad hasta los solemnes rituales del luto y el recuerdo, la vida es un viaje lleno de tradición, significado y conexiones duraderas.

Brit milá (circuncisión): Un pacto de amor e identidad

El brit milá, la circuncisión ritual de los niños judíos, es una de las costumbres más fundamentales y antiguas de la tradición judía. Esta ceremonia sagrada es un testimonio de la alianza duradera entre el pueblo judío y la divinidad, marca la entrada de un niño en la comunidad judía y reafirma una profunda conexión con la identidad judía.

Orígenes y significado religioso

Las raíces del brit milá se remontan al pacto entre Dios y Abraham, el padre fundador del judaísmo. Según el Libro del Génesis, Dios ordenó a Abraham que se circuncidara a sí mismo y a todos los varones de su familia como señal del pacto. Este acto simbolizaba la relación única de los judíos con la divinidad y su compromiso de vivir una vida guiada por los mandamientos de Dios.

Observancia hoy

El brit milá suele celebrarse el octavo día de vida del niño, una tradición arraigada en la Torá. El octavo día se considera un día de plenitud espiritual, y la circuncisión la realiza un profesional cualificado llamado mohel.

La ceremonia se celebra en un entorno comunitario de cariño y apoyo. La familia y los amigos se reúnen, creando una atmósfera de unidad y alegría. Tras la ceremonia suele celebrarse una comida festiva, conocida como seudat mitzvá.

El niño suele llevar una kipá en miniatura en el brit milá

H. Pellikka, CC BY-SA 3.0 <http://creativecommons.org/licenses/by-sa/3.0/>, vía Wikimedia Commons: https://commons.wikimedia.org/wiki/File:Kipa.jpg

Objetos ceremoniales

Durante la ceremonia del brit milá, varios objetos tienen un significado especial:

- **Kipá (yarmulke):** A menudo se viste al bebé con una kipá en miniatura para simbolizar su entrada en la vida judía.
- **Kisé shel Eliahú (silla de Elías):** Se designa una silla especial para el bebé, que simboliza la presencia del profeta Elías, de quien se dice que protege a los bebés.

- **Bandeja brit:** Una bandeja con objetos rituales, como instrumentos de circuncisión y vino, desempeña un papel central en la ceremonia.

Oraciones y bendiciones

La ceremonia incluye la recitación de oraciones y bendiciones, que subrayan la importancia del pacto. El mohel ofrece su oración y gratitud, y el padre suele recitar la bendición, dando gracias a Dios por ordenar la circuncisión.

Una reflexión personal

Ruth, una madre, comparte su perspectiva: *"El brit milá de mi hijo fue un momento profundamente emotivo para nuestra familia. No se trataba solo de un acto físico. Se trataba de conectarle con generaciones de judíos que habían recorrido este camino antes que él".*

En esencia, el brit milá es una ceremonia que trasciende el acto físico de la circuncisión. Representa el vínculo eterno entre el pueblo judío y su herencia, simbolizando el compromiso con una vida enriquecida por la fe, la comunidad y un profundo sentimiento de identidad. Es un testimonio de la fuerza perdurable de la tradición judía, que une el pasado, el presente y el futuro en un pacto sagrado de amor y continuidad.

Bar/bat mitzvá: Madurez

El bar mitzvá (para los chicos) y el bat mitzvá (para las chicas) representan un momento profundo en la vida de un adolescente judío. Estas ceremonias marcan la transición a la edad adulta, en la que los jóvenes asumen la responsabilidad de su fe, sus acciones y su compromiso con la tradición judía.

Orígenes y significado religioso

El concepto de bar mitzvá hunde sus raíces en el Talmud, texto central de la ley y la tradición judías. Señala que a los trece años, en el caso de los chicos, y a los doce, en el de las chicas, un individuo se convierte en "obligado en los mandamientos". Esto significa su nueva madurez espiritual y la responsabilidad de sus actos.

Observancia hoy

Las ceremonias de bar y bat mitzvá se celebran de diversas maneras, pero todas tienen en común la alegría, la espiritualidad y la comunidad. El corazón de estos acontecimientos es la aliá, el honor de ser llamado a la Torá durante un servicio en la sinagoga. Este acto significa que el joven es ahora un miembro de pleno derecho de la comunidad judía y es responsable de observar los mandamientos judíos.

Objetos ceremoniales

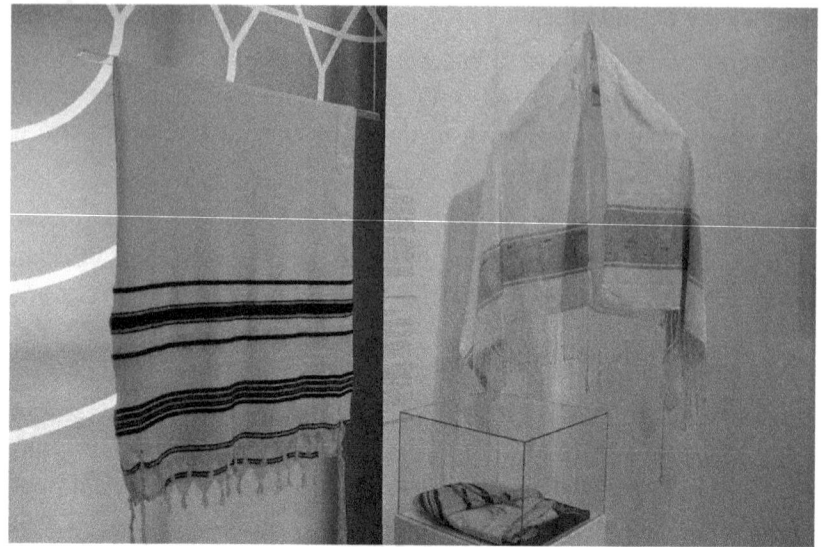

Un joven recibe su primer talit para simbolizar su madurez en la fe

- **Talit (manto de oración):** Es costumbre que el joven reciba su primer talit, símbolo de su madurez en la fe.
- **Sidur (libro de oraciones):** A menudo, el bar o bat mitzvá recibe un Sidur, un libro de oraciones, como símbolo de su mayor implicación en la oración y la vida sinagogal.

Oraciones y lecturas

El servicio de bar/bat mitzvá suele incluir una aliá a la Torá, durante la cual el niño recita una parte de la lectura semanal de la Torá. Puede haber discursos, reflexiones sobre la porción de la Torá y bendiciones. También se recita la haftará, una lectura de los profetas que subraya la conexión entre la Torá y la tradición profética.

Una reflexión personal

David, padre, reflexiona sobre el bar mitzvá de su hijo: *"Ver a mi hijo de pie ante la congregación, cantando la Torá, fue un momento de inmenso orgullo y conexión. Fue un puente entre generaciones, un recordatorio de que nuestra tradición sigue viva a través de él".*

En esencia, las ceremonias de bar y bat mitzvá simbolizan el florecimiento de la identidad personal dentro de la fe y la comunidad judías. Es un recordatorio del legado perdurable de la tradición judía, donde la joven generación da un paso adelante para llevar la antorcha de sus antepasados.

Costumbres de las bodas judías: La unión de corazones y herencias

Una boda judía es un testimonio de tradición y amor, que aúna costumbres centenarias con la promesa de un futuro compartido. Esta ceremonia sagrada celebra la unión de dos personas y marca la fusión de sus familias y la continuación de la herencia judía.

Orígenes y significado religioso

Las costumbres de las bodas judías tienen profundas raíces en antiguas tradiciones y textos religiosos. La unión sagrada de un hombre y una mujer, llamada "kidushín", se celebra con gran reverencia, haciéndose eco de la asociación divina entre Dios y el pueblo judío.

Observancia hoy

Las bodas judías modernas combinan costumbres intemporales y expresiones personales de amor. Aunque los detalles pueden variar de una comunidad judía a otra, algunos elementos son universales.

Objetos ceremoniales

- **Ketubá (contrato matrimonial):** La ketubá es un contrato bellamente adornado en el que se describen las responsabilidades del marido para con su esposa. Es un testimonio del respeto y el cuidado que deben definir el matrimonio.
- **Jupá (dosel nupcial):** La jupá simboliza el nuevo hogar y la vida en común de la pareja. Suele ser un sencillo dosel bajo el que se celebra la ceremonia.

Oraciones y bendiciones

- **Kidushín:** Es la ceremonia de los esponsales, en la que el novio entrega un anillo a la novia y recita una declaración de compromiso.
- **Sheva Berajot (Siete bendiciones):** Estas bendiciones celebran el amor de la pareja, su alegría y el papel divino en su unión. Cada

bendición va acompañada de una copa de vino.

- **Ruptura de la copa:** Uno de los momentos más emblemáticos de las bodas judías es la ruptura de la copa. Este acto tiene múltiples interpretaciones. Simboliza la fragilidad de la vida, el recuerdo de penas pasadas y la esperanza de un futuro lleno de felicidad.

Una reflexión personal

Rachel, una novia, comparte su experiencia: *"Mientras estábamos bajo la jupá, rodeados de nuestros seres queridos, sentí una profunda conexión con mis antepasados y las generaciones que nos precedieron. Fue un momento que trascendió el tiempo, donde la tradición y el amor se fundieron en algo sagrado".*

Una boda judía es una mezcla de herencia y expresión personal. Nos recuerda que mientras las tradiciones nos conectan con nuestro pasado, el amor nos impulsa hacia el futuro. Es una celebración del compromiso, la familia y el espíritu perdurable de una fe compartida. En palabras del Sheva Berajot, es un momento de *"gran alegría, como la alegría de la creación en el jardín del Edén".*

Shivá (Prácticas de duelo): Un tiempo sagrado de reflexión y comunidad

En la tradición judía, la shivá es un profundo período de duelo que sigue a la pérdida de un ser querido. Este momento triste pero sagrado proporciona consuelo, apoyo y una oportunidad para reflexionar sobre la vida y el legado del difunto.

Orígenes y significado religioso

Las raíces de la shivá se remontan a las antiguas costumbres judías y están profundamente relacionadas con la vida después de la muerte y la importancia de la comunidad en tiempos de duelo. La palabra "shivá" significa siete, simbolizando la duración de siete días de este periodo de luto.

Observancia hoy

La shivá suele observarse con costumbres y rituales específicos que ofrecen consuelo y estructura al proceso de duelo.

Objetos ceremoniales

- **Vela de shivá:** Una vela conmemorativa, llamada "vela de Iortzait", se enciende al comienzo de la shivá. Arde durante siete días, simbolizando la luz eterna del alma.

- **Asientos bajos:** Durante la shivá, los dolientes suelen sentarse en sillas bajas o cojines, señal de su luto y humildad.

- **Cubrir los espejos:** Los espejos de la casa pueden cubrirse para fomentar la reflexión sobre las cualidades interiores más que sobre el aspecto físico durante este tiempo.

Oraciones y lecturas

- **Kadish:** El Kadish se recita varias veces durante la shivá. Alaba a Dios y expresa la esperanza de paz y consuelo para el difunto y los dolientes.

- **Salmo 23:** Este salmo habla de Dios como pastor y es una fuente de consuelo y tranquilidad.

- **Visita a los dolientes:** Amigos y familiares visitan a los dolientes para ofrecerles sus condolencias y apoyo. También comparten historias y recuerdos del fallecido.

Una reflexión personal

Lean, que recientemente celebró la shivá por su padre, reflexiona: *"Durante la shivá, sentí un profundo sentimiento de comunidad y apoyo. Amigos y familiares vinieron a compartir sus condolencias e historias sobre mi padre. Fue un momento de dolor, pero también de recuerdo y celebración de su vida"*.

La shivá es una tradición consagrada que permite a los dolientes navegar por el complejo terreno del duelo. Proporciona un espacio estructurado para el duelo, el recuerdo y el apoyo comunitario. A través de la oración, la reflexión y las experiencias compartidas del duelo, la shivá refuerza la interconexión entre la vida y la muerte y el vínculo duradero entre los vivos y los difuntos. Es un testimonio de la creencia judía en la importancia de la memoria y el poder de la comunidad en tiempos de pérdida.

Iortzait e Izkor (tradiciones conmemorativas): Honrar el legado de los seres queridos

El Iortzait y el Izkor son importantes tradiciones judías dedicadas a recordar y honrar a los difuntos. Estos rituales proporcionan un marco estructurado para conmemorar el aniversario del fallecimiento de un ser querido y expresar colectivamente el dolor y el recuerdo.

Orígenes y significado religioso

Las raíces del Iortzait y el Izkor se remontan al Talmud y se basan en la creencia de que el recuerdo de los difuntos es una fuente de bendición y que sus almas siguen influyendo en los vivos. Estas tradiciones ofrecen consuelo y permiten a los dolientes recorrer el camino del duelo.

Objetos ceremoniales

Las velas de iortzait se encienden en el aniversario del fallecimiento
https://commons.wikimedia.org/wiki/File:Yahrtzeit_candle.JPG

- **Vela de Iortzait:** Una vela conmemorativa se enciende en el aniversario de la muerte, o Iortzait, y arde durante 24 horas como símbolo de la llama eterna del alma.

- **Folletos Izkor**: En las festividades de Pascua, Shavuot y Yom Kipur se recitan oraciones a partir de folletos especiales llamados Izkor (recuerdo).

Oraciones y lecturas

- **El Malei Rachamim:**   Esta oración se recita en funerales y conmemoraciones y durante la celebración del Iortzait. Honra la memoria del difunto y expresa una plegaria de paz y consuelo.

- **Kadish**: El Kadish se recita durante la celebración del Iortzait como tributo a la vida, los hechos y el legado del difunto.

- **Escribir notas:** Las familias en duelo pueden optar por escribir notas o cartas expresando su dolor y honrando la memoria del difunto en el aniversario de su fallecimiento.

Una reflexión personal

Daniel celebra el Iortzait por su madre y comparte su experiencia: *"Encender la vela de Iortzait es un ritual solemne pero reconfortante. Es un momento en el que me siento cerca de mi madre, y es un momento para reflexionar sobre el amor y la sabiduría que compartió. La oración del Kadish me recuerda que su recuerdo es una bendición".*

El Iortzait y el Izkor son tradiciones que sirven como testimonio de la creencia judía en el impacto perdurable de una vida vivida con propósito y amor. A través de estos rituales, los vivos recuerdan y siguen honrando el legado de aquellos que han fallecido, encontrando consuelo en el vínculo eterno entre generaciones.

Hajnasat kalá (ducha nupcial): Celebrar el amor y la unidad

Hajnasat kalá es una celebración de amor y unidad previa a la boda. Es una ocasión alegre en la que amigos y familiares se reúnen para honrar a la novia, colmarla de bendiciones y regalos y expresarle su apoyo en el nuevo capítulo de su vida.

Orígenes y significado religioso

Las raíces de hajnasat kalá se remontan a las antiguas costumbres judías de hospitalidad y apoyo comunitario. Encarna los valores judíos del amor, la bondad y la unión para apoyarse mutuamente durante acontecimientos importantes de la vida.

Objetos ceremoniales

Hajnasat kalá es un acto cordial y festivo que precede a la ceremonia nupcial.

- **Regalo de la kalá:** Los amigos y la familia obsequian a la novia con un regalo para ayudarla a empezar su nueva vida con su marido. Puede incluir muebles para el hogar, artículos de cocina o joyas.

- **Frasco de miel:** La novia recibe un frasco de miel y monedas como símbolo de una vida dulce y fructífera.

- **Tarjeta de bendición:** Los invitados entregan a la novia una tarjeta especial con bendiciones para su felicidad y alegría futuras.

Oraciones y lecturas

- **Mi Sheberaj:** Esta oración se recita para conceder bendiciones, paz, salud y éxito a la pareja en el inicio de su nueva vida juntos.

- **Ketubá:** La ketubá, o contrato matrimonial, se lee en presencia de dos testigos y es firmada por los novios. Sirve como recordatorio de su compromiso mutuo.

Una reflexión personal

Rebecca, una futura novia, comparte su experiencia: *"Mi hajnasat kalá fue una hermosa celebración llena de risas y amor. Fue un momento en el que sentí el increíble apoyo de mis amigos y familiares mientras me preparaba para embarcarme en este nuevo viaje. Las bendiciones que me concedieron fueron una fuente de fuerza y ánimo".*

Hajnasat kalá refleja el valor judío de la comunidad y la importancia de celebrar y apoyarse mutuamente durante las transiciones significativas de la vida. Es un acontecimiento alegre que no solo colma de regalos a la novia, sino que también la colma de amor, buenos deseos y el calor de una comunidad unida. Simboliza la idea de que, en tiempos de cambio y nuevos comienzos, el amor y el apoyo de la familia y los amigos son tesoros inestimables.

Aufruf: Llamada a la Torá

Aufruf es una tradición judía que tiene lugar antes de una boda. Consiste en llamar al novio a la Torá durante un servicio religioso en la sinagoga. Este honor prenupcial es una preparación espiritual para el próximo matrimonio y un momento de celebración dentro de la comunidad.

Orígenes y significado religioso

Los orígenes de la tradición del aufruf se remontan al deseo de conceder bendiciones a la pareja que pronto se casará e invocar el favor divino para su unión. Destaca la importancia de buscar apoyo comunitario y espiritual antes de embarcarse en este importante viaje vital.

Observancia hoy

El aufruf se celebra normalmente durante el servicio de shabat (sabbat) inmediatamente anterior a la boda.

Objetos ceremoniales

Aunque el aufruf no implica objetos ceremoniales específicos, es costumbre que el novio lleve una túnica blanca especial llamada kittel. Esta túnica simboliza la pureza y suele llevarse durante acontecimientos significativos, incluidas las bodas.

Oraciones y bendiciones

Durante el aufruf, el novio es llamado a la Torá para una aliá (el honor de recitar una bendición antes y después de la lectura de la Torá). La comunidad se reúne para presenciar este momento especial, a menudo seguido de sentidas bendiciones y buenos deseos para la pareja.

Una reflexión personal

Jacob, un novio que recientemente tuvo un aufruf, comparte su experiencia: *"Ser llamado a la Torá antes de mi boda fue un momento profundamente espiritual. Fue como un abrazo comunitario a nuestra futura unión. Las bendiciones y el apoyo de nuestros amigos y familiares fueron increíblemente significativos"*.

Aufruf es una tradición que subraya la importancia de la preparación espiritual y el apoyo comunitario cuando una pareja se embarca en su viaje hacia el matrimonio. Simboliza la alegría compartida y las bendiciones que rodean la unión de dos personas, recordándonos que el amor y la fe no son solo experiencias personales, sino comunitarias, apreciadas y celebradas por toda la comunidad.

Pidión haben: Redención del hijo primogénito

El pidión haben es una apreciada tradición judía que implica la redención del primogénito. Esta ceremonia, de origen bíblico, subraya el carácter sagrado de la vida y la importancia de consagrar el primogénito a Dios.

Orígenes y significado religioso

Los orígenes del pidión haben se remontan al libro bíblico del Éxodo. Tras el éxodo de Egipto, Dios santificó a los primogénitos de los israelitas, perdonándoles la vida durante la plaga de los primogénitos. Como resultado, los primogénitos fueron dedicados al servicio de Dios. Sin embargo, en lugar de ofrecer a sus primogénitos, se estableció una ceremonia ritual de redención.

Observancia hoy

El pidión haben suele celebrarse el 31º día después del nacimiento del primogénito. Es una ocasión de alegría marcada por rituales y bendiciones.

Objetos ceremoniales

- **Cinco monedas de plata:** Cinco monedas de plata, conocidas como "shekalim", se entregan al kohen (descendiente de Aarón, el primer sumo sacerdote) para redimir al primogénito. Las monedas simbolizan el precio de la redención.

- **Velas y vino:** Se encienden velas y se suele utilizar una copa de vino durante la ceremonia para recitar bendiciones.

Oraciones y bendiciones

La ceremonia del pidión haben incluye la recitación de oraciones y bendiciones. El padre del primogénito bendice a Dios por el mandamiento de redimir al niño y por santificar a los primogénitos.

Una reflexión personal

Anna, una madre que celebró recientemente el pidión haben para su hijo, comparte su experiencia: *"La ceremonia de pidión haben fue un recordatorio del valor de la vida y de nuestra conexión con la tradición. Fue un momento de gratitud por la salud de nuestro hijo y el significado espiritual de este hito"*.

El pidión haben es una tradición que celebra la santidad de la vida y la continuidad de la herencia judía. Refleja la importancia de reconocer el papel divino en la supervivencia del primogénito y el compromiso con una vida de propósito y servicio. Mediante esta ceremonia, la comunidad judía sigue honrando un mandamiento bíblico al tiempo que afirma el vínculo intemporal entre las generaciones.

Ufruf: El cortejo nupcial en la boda

El ufruf, una apreciada tradición judía, es un alegre preludio de la ceremonia nupcial. Es una celebración del próximo matrimonio del novio y una oportunidad para que la comunidad ofrezca bendiciones y buenos deseos a la pareja.

Orígenes y significado religioso

Las raíces del ufruf se remontan al deseo de celebrar la unión de los novios e invocar las bendiciones divinas para su matrimonio. Destaca el apoyo comunitario y la alegría que rodean el viaje de una pareja hacia la vida matrimonial.

Observancia hoy

El ufruf suele celebrarse durante el servicio de shabat (sabbat) que precede a la boda.

Objetos ceremoniales

- **Kittel:** El novio lleva tradicionalmente un kittel, una túnica blanca que simboliza la pureza y la solemnidad.

- **Aliá:** Durante el servicio de ufruf, el novio es llamado a la Torá para una aliá, un honor que implica recitar bendiciones antes y después de la lectura de la Torá.

Oraciones y bendiciones

Bendiciones sinceras marcan el servicio de ufruf y buenos deseos para la futura felicidad de la pareja. La comunidad se reúne para apoyar y celebrar el próximo matrimonio de la pareja.

Una reflexión personal

Adam, un novio que ha celebrado recientemente un ufruf, comparte su experiencia: *"El ufruf fue un hermoso momento de comunidad y bendición. Fue un recordatorio de que nuestro viaje hacia el matrimonio no era solo cosa nuestra, sino también del amor y el apoyo de nuestros amigos y familiares. El kittel que llevaba era un símbolo de la pureza de nuestro amor y del compromiso que estábamos contrayendo".*

Ufruf es una celebración del amor y del apoyo comunitario que rodea a una pareja en su camino hacia el matrimonio. Es una ocasión de alegría que reafirma los valores judíos de comunidad, bendición y santidad del matrimonio. A través del ufruf, la pareja recibe tanto los buenos deseos de sus seres queridos como las bendiciones espirituales de la comunidad, sentando las bases para toda una vida de amor y compañerismo.

Birkat HaGomel: Bendición de la liberación

Birkat HaGomel es una tradición judía arraigada en la gratitud y la protección. Se trata de una sentida plegaria de agradecimiento ofrecida por personas que han salido de situaciones de peligro o angustia, reconociendo la liberación de Dios y buscando la protección divina para el futuro.

Orígenes y significado religioso

Los orígenes del Birkat HaGomel se remontan al libro bíblico de los Salmos, donde el rey David expresó su gratitud por haber sido liberado de situaciones peligrosas. Con el tiempo, esta expresión de agradecimiento evolucionó hasta convertirse en una oración formalizada. Birkat HaGomel subraya la creencia judía de reconocer y agradecer las bendiciones de la seguridad y la protección.

Observancia hoy

El Birkat HaGomel suele recitarse durante los servicios de la sinagoga, a menudo en shabat u otros días en los que se lee la Torá.

Oraciones y bendiciones

El elemento central del Birkat HaGomel es la recitación de una bendición especial, en la que se expresa gratitud a Dios por la liberación de una situación peligrosa. La bendición suele incluir las palabras: *"Bendito eres tú, señor Dios nuestro, rey del universo, que concedes cosas buenas a los que no las merecen".*

Una reflexión personal

Abigail, que recientemente recitó Birkat HaGomel tras recuperarse de una grave enfermedad, comparte su experiencia: *"Recitar Birkat HaGomel fue un momento muy emotivo para mí. Fue una forma de expresar mi gratitud por la recuperación y el apoyo de mi comunidad. Me recordó la fragilidad de la vida y la importancia de reconocer las bendiciones de la protección".*

Birkat HaGomel encarna los valores judíos de gratitud y reconocimiento de la mano divina en nuestras vidas. Es una plegaria que reconoce tanto la vulnerabilidad de la existencia humana como las profundas bendiciones de la seguridad y la protección. A través de esta tradición, los individuos expresan su agradecimiento por haber salido del peligro o la angustia y buscan la protección divina para sí mismos y sus seres queridos, subrayando la creencia duradera en el poder de la fe y la gratitud.

A lo largo de la historia y la cultura judías, muchas tradiciones significativas se han transmitido de generación en generación. Desde el pidión haben hasta el ufruf y el Birkat HaGomel, estas tradiciones nos recuerdan nuestra conexión con la divinidad, nuestro compromiso con los demás y nuestro agradecimiento por las mayores bendiciones de la vida.

Capítulo 3: Festines y ayunos

El calendario judío es una maravilla de continuidad histórica y significado espiritual. Está puntuado por una serie de fiestas y ayunos que siguen un patrón cíclico, cada uno con su propio origen bíblico y profundo significado. Estas observancias marcan el paso del tiempo y permiten a los judíos conectar con su herencia, expresar su fe y afirmar su identidad.

En el corazón de la tradición judía se encuentran las observancias y conmemoraciones sagradas, cada una con un significado único en el rico mosaico de la vida judía. Desde la alegre festividad de la Pascua hasta la profunda introspección de Tisha B'Av, cada día de fiesta y ayuno tiene un significado único.

Los días festivos son ocasiones de alegría, como el shabat, la Pascua judía (Pésaj) y Sucot (la Fiesta de los Tabernáculos). En estos días, los judíos observantes se abstienen de trabajar y se reúnen en la sinagoga para celebrar la abundancia y las bendiciones que Dios les ha concedido. La comida suele ser festiva, con platos únicos preparados y compartidos con la familia y los amigos.

Por el contrario, los días de ayuno son jornadas religiosas solemnes de luto y reflexión. Son días asociados a la tristeza o a tragedias históricas. Los judíos observantes ayunan en estos días y asisten a los servicios de la sinagoga para recordar y reflexionar sobre la gravedad de tales acontecimientos.

Pascua (festín): Celebración de la tradición, la fe y la libertad

La Pascua judía, conocida como Pésaj en hebreo, es una de las fiestas judías más queridas y simboliza el viaje de la esclavitud a la libertad. Cuenta la historia de la liberación de los israelitas de la esclavitud en Egipto y sirve como testimonio de la resistencia y la fe del espíritu judío.

Rituales y tradiciones

El plato del Séder simboliza el Éxodo y la esclavitud

Edsel Little, CC BY-SA 2.0 <https://creativecommons.org/licenses/by-sa/2.0>, vía Wikimedia Commons: https://commons.wikimedia.org/wiki/File:Passover_Seder_plate,_original.jpg

- **El plato del Séder:** El Séder, que se celebra las dos primeras noches de Pascua, gira en torno al plato del Séder. Este plato lleva alimentos simbólicos que representan el Éxodo, como las hierbas amargas (maror) por la amargura de la esclavitud y el jaroset dulce por el mortero utilizado por los israelitas.

- **La matzá:** El pan sin levadura, la matzá, se consume durante el Séder para recordar la precipitación de la partida de los israelitas. Su sencillez significa humildad y fe inquebrantable.

- **Cuatro copas de vino:** Representan las etapas del Éxodo y encarnan las promesas de Dios, la liberación, la redención y la aceptación del pueblo judío.

Costumbres alimentarias

- **Sopa de bolas de matzá:** La sopa de bolas de matzá, un plato muy apreciado en Pascua, reconforta con su ligereza y simboliza la esperanza en un futuro brillante.

- **Gefilte fish:** Los peces de fondo representan la renovación y un nuevo comienzo, en paralelo al viaje de los israelitas.

- **Jaroset:** Las manzanas, las nueces, el vino y las especias del jaroset evocan el mortero utilizado por los israelitas. Es un dulce recordatorio de la resistencia y la dulzura de la vida.

Oraciones y símbolos

La Pascua invita a la oración y la reflexión profundas, guiadas por la Hagadá. Comparte la historia del Éxodo, bendiciones y canciones para participantes de todas las edades. La Pascua no es solo historia. Es una narración viva que conecta generaciones. Las familias comparten historias ancestrales, añadiendo un toque personal al relato bíblico. Los más pequeños plantean las "cuatro preguntas", suscitando animados debates sobre el significado de la Pascua.

Las costumbres de la Pascua varían según las comunidades judías, reflejando tradiciones diversas. Sin embargo, los temas centrales de la liberación, la fe y la preservación de la identidad unen a los judíos de todo el mundo. Es una fiesta que entrelaza historia, fe y familia. Fusiona el pasado con el presente, recordando a los seguidores el legado del Éxodo y la importancia de la tradición, la fe y la libertad durante generaciones. No es solo una fiesta de la comida, sino una fiesta del alma, que celebra la esperanza y la renovación del espíritu humano

Shavuot (festín): Celebración de la revelación y la abundancia

Shavuot, a menudo conocida como la "Fiesta de las Semanas", es una importante festividad judía que conmemora la entrega de la Torá en el monte Sinaí. Es una celebración de la revelación divina, la renovación espiritual y la abundancia de la temporada de cosecha.

Rituales y tradiciones

- **Estudio de la Torá toda la noche:** Muchas comunidades judías celebran una sesión de estudio de la Torá durante toda la noche, conocida como Tikún Leil Shavuot. Simboliza el afán de los judíos por recibir la Torá y refleja su compromiso con el aprendizaje permanente.

- **Delicias lácteas:** Una tradición de Shavuot consiste en consumir alimentos lácteos, como tartas de queso y blintzes. Los orígenes de esta costumbre son variados, pero a menudo se relaciona con la idea de que la Torá se asemeja a la leche y la miel, en señal de su dulzura y nutrición.

- **Decorar con vegetación:** Las casas y las sinagogas se adornan con vegetación y flores para celebrar el florecimiento de la naturaleza durante la cosecha de primavera. Es un recordatorio visual de la abundancia que representa Shavuot.

Costumbres culinarias

- **Delicias lácteas:** Las tartas de queso, los blintzes y otras delicias lácteas cobran protagonismo durante Shavuot. Estos platos simbolizan la dulzura y la riqueza de las enseñanzas de la Torá.

- **Frutas y verduras:** Se disfrutan frutas y verduras frescas de la temporada de cosecha, conectando la fiesta con el ciclo agrícola de Israel.

Durante Shavuot se disfruta de frutas y verduras frescas

Oraciones y símbolos

- **Lectura del Libro de Rut:** Es costumbre leer el Libro de Rut durante Shavuot. La historia de devoción y conversión de Rut refleja los temas de compromiso e inclusión centrales de la festividad.

- **Los diez mandamientos:** Las sinagogas suelen realizar una lectura especial de los diez mandamientos en la mañana de Shavuot, haciendo hincapié en la entrega de la Torá en el Monte Sinaí.

Variaciones entre comunidades

Las costumbres de Shavuot varían de una comunidad judía a otra, pero la celebración central de la recepción de la Torá y el significado agrícola de la festividad se mantienen constantes. Cada comunidad infunde sus propios elementos culturales a la celebración, haciendo de Shavuot una fiesta vibrante y diversa.

Historias personales

Miriam, una entusiasta de Shavuot, comparte su experiencia: *"Shavuot es un momento en el que nos reunimos para celebrar la sabiduría de la Torá y la belleza de nuestra tradición. Las sesiones de estudio, que duran toda la noche, son para aprender, estrechar lazos con nuestra comunidad y reavivar nuestra conexión espiritual".*

Ya sea mediante el estudio nocturno, los manjares lácteos o la lectura de la historia de Rut, Shavuot invita a los judíos a renovar su compromiso con su fe y a celebrar la abundancia de la vida. Es un momento en que lo espiritual y lo terrenal armonizan en una alegre fiesta de gratitud y aprendizaje.

Tisha B'Av (ayuno): Conmemorar la tragedia y buscar la redención

Tisha B'Av, el noveno día del mes hebreo de Av, es un solemne día judío de luto y ayuno. Conmemora la destrucción del Primer y Segundo Templo de Jerusalén y sirve para reflexionar sobre la historia judía, las tragedias y la esperanza de la redención final.

Rituales y tradiciones

- **El ayuno:** Una de las observancias centrales de Tisha B'Av es el ayuno desde la puesta del sol hasta el anochecer siguiente. El ayuno se extiende a todos los alimentos y bebidas, simbolizando el luto y el arrepentimiento colectivos.

- **Lectura del Libro de las Lamentaciones (Eijá):** El Libro de las Lamentaciones, atribuido al profeta Jeremías, se lee en Tisha B'Av. Describe vívidamente la destrucción de Jerusalén y el sufrimiento del pueblo judío. Los inquietantes versos evocan profundas emociones y reflexiones sobre tragedias pasadas.

- **Sentarse en el suelo:** Es costumbre sentarse en el suelo o en taburetes bajos durante Tisha B'Av, simbolizando el luto. Muchas personas también se abstienen de llevar zapatos de cuero en señal de humildad.

Costumbres culinarias

Seudá hamafseket: Antes de que comience el ayuno, existe la costumbre de tomar una comida sencilla y lúgubre llamada seudá hamafseket. Suele incluir pan, un huevo duro y agua u otras bebidas no alcohólicas.

Oraciones y reflexiones

En Tisha B'Av se recitan oraciones especiales y poemas litúrgicos llamados tefilá, incluida la recitación de las kinot, elegías que lamentan las tragedias históricas del pueblo judío. Estas oraciones enfatizan el arrepentimiento colectivo y el anhelo de renovación espiritual.

Símbolos y relatos

Tisha B'Av se caracteriza por un ambiente sombrío, en el que las comunidades se reúnen para recordar las pérdidas del pasado. A menudo se comparten historias personales de resistencia y supervivencia en tiempos difíciles para transmitir un sentimiento de esperanza y continuidad.

Tisha B'Av se celebra con temas similares en todas las comunidades judías del mundo, pero las costumbres y tradiciones pueden variar. Algunas comunidades se centran en tragedias históricas adicionales, mientras que otras hacen hincapié en los aspectos espirituales y personales del día.

Historias personales

Reflexionando sobre Tisha B'Av, David comparte sus pensamientos: *"Tisha B'Av es un día en el que lloramos colectivamente los momentos dolorosos de nuestra historia. Es un recordatorio de la resistencia del pueblo judío y de nuestra inquebrantable esperanza en un futuro mejor".*

Tisha B'Av es un día de profunda reflexión, luto y esperanza. Conecta a los judíos de todo el mundo con su historia común y con el espíritu perdurable de su pueblo. El ayuno sirve para recordar las tragedias del pasado, mientras que las oraciones y las historias inspiran un sentimiento de unidad y la esperanza colectiva de un futuro mejor. Tisha B'Av es un testimonio de la capacidad del pueblo judío para recordar, perdurar y, en última instancia, buscar la redención.

Purim (festín): Celebrar la supervivencia con alegría y unidad

Purim, la festividad judía, es una ocasión de alegría que celebra la supervivencia del pueblo judío en la antigua Persia. Es un momento de jolgorio, unidad y reflexión sobre la resistencia del espíritu judío. Purim está marcada por rituales únicos, deliciosas costumbres gastronómicas, oraciones sinceras y símbolos que narran una extraordinaria historia de triunfo.

Rituales y tradiciones

- **Lectura del Libro de Ester (Meguilá):** La pieza central de Purim es la lectura del Libro de Ester o la Meguilá. Este relato bíblico habla de la reina Ester, quien, con la ayuda de su tío Mardoqueo, frustró valientemente el complot del malvado Amán para aniquilar a los judíos. Cuando se lee la Meguilá en voz alta, los participantes utilizan unos ruidos llamados "graggers" para ahogar el nombre de Amán cada vez que se menciona, lo que añade un aspecto lúdico y comunitario a la lectura.

- **Disfraces (mascarada):** Purim es una época de fiestas de disfraces y máscaras. Los participantes se disfrazan de personajes de la historia de Purim, de animales o incluso de iconos de la cultura pop. La tradición de disfrazarse es un recordatorio de que a veces la salvación viene de fuentes inesperadas, solo porque la identidad de Ester estaba oculta.

Los participantes se disfrazan de personajes de la historia de Purim
https://commons.wikimedia.org/wiki/File:Purim_by_Arthur_Szyk.jpg

- **Mishloaj manot:** En Purim, los judíos intercambian cestas de regalo mishloaj manot llenas de dulces y golosinas para fomentar la comunidad y la unidad. Esta costumbre subraya la importancia de cuidarse los unos a los otros y repartir alegría.

Costumbres culinarias

- **Hamantash**: El hamantash es un dulce muy apreciado en Purim, un pastel triangular relleno de golosinas como confitura de frutas o chocolate. Se dice que las tres esquinas del pastel representan el sombrero de tres picos de Amán.

- **Seudá:** El día de Purim se celebra una comida festiva llamada seudá. Suele incluir platos tradicionales judíos y los participantes alzan sus copas para celebrar su liberación.

Oraciones y reflexiones

Durante las oraciones de Purim se recita la oración "Al Hanisim" (Por los milagros), en la que se da gracias a Dios por los acontecimientos milagrosos de Purim. Purim es una época en la que las comunidades se reúnen para compartir la historia de Ester y Mardoqueo.

Purim es una fiesta que combina el jolgorio con la reverencia. Celebra la extraordinaria supervivencia del pueblo judío, la valentía de Ester y Mardoqueo, y los valores perdurables de la unidad y el cuidado mutuo. Los rituales y símbolos de Purim nos recuerdan la resistencia del espíritu judío y la importancia de encontrar la alegría ante la adversidad. Es un momento en el que el pasado y el presente se funden en una deliciosa fiesta de celebración, disfraces y sincera gratitud.

Yom Kipur (ayuno): Un día de expiación y renovación espiritual

Yom Kipur, también conocido como el Día de la Expiación, es el día más sagrado del calendario judío. Es un día solemne y reflexivo marcado por el ayuno, la oración y el arrepentimiento. Yom Kipur ofrece a los judíos la oportunidad de buscar el perdón, reflexionar sobre sus actos y esforzarse por renovarse espiritualmente.

Rituales y tradiciones

- **El ayuno:** La observancia central del Yom Kipur es un ayuno de veinticinco horas, que comienza al atardecer y termina al anochecer del día siguiente. Esta abstención de comida y bebida simboliza la purificación del cuerpo y el alma.

- **Oraciones y servicios sinagogales:** El Yom Kipur incluye una amplia serie de oraciones y servicios en la sinagoga, incluida la oración del Kol Nidré que se recita al comienzo de la festividad. La liturgia del día se centra en el arrepentimiento, el perdón y la búsqueda de la misericordia de Dios.

- **Confesión (Vidui):** A lo largo del Yom Kipur, los judíos realizan un profundo examen de conciencia, reconocen sus pecados y buscan el perdón de Dios. La recitación comunitaria de la oración Vidui subraya la responsabilidad colectiva por las acciones de los demás.

Costumbres culinarias

- **Comida previa al ayuno (seudá hamafseket):** Antes de que comience el ayuno, existe la costumbre de tomar una comida sencilla conocida como seudá hamafseket. Suele consistir en pan, un huevo duro y agua u otras bebidas no alcohólicas.

- **Romper el ayuno (Break-Fast):** El Yom Kipur concluye con una comida festiva conocida como el desayuno. Esta comida incluye platos tradicionales judíos y es una ocasión para reunirse en familia y en comunidad.

Oraciones y reflexiones

El servicio de Neilá es una parte conmovedora y crucial de Yom Kipur, que pone de relieve el cierre de las puertas del cielo. Es un momento de fervientes oraciones y reflexiones, y se toca el shofar para señalar el final del día.

Yom Kipur es un día en el que las comunidades se reúnen para apoyarse mutuamente en la búsqueda del perdón y la renovación espiritual. A menudo se comparten historias personales de transformación y compromiso con el cambio, fomentando un sentido de unidad y responsabilidad.

Yom Kipur ofrece a los judíos una oportunidad única de buscar el perdón de Dios y de los demás. Es un día en el que se reconoce el pasado, se abraza el futuro y se rejuvenece el espíritu para perseguir una vida mejor y más justa.

Asara B'Tevet (ayuno): Conmemoración del sitio de Jerusalén

Asara B'Tevet, el décimo día del mes hebreo de Tevet, es un día de ayuno menor en el calendario judío. Conmemora el comienzo del asedio de Jerusalén por los babilonios, un trágico suceso que condujo a la destrucción del Primer Templo. Aunque es menos conocido que otros ayunos judíos, Asarah B'Tevet tiene un profundo significado histórico y sirve para reflexionar sobre los desafíos a los que se ha enfrentado el pueblo judío a lo largo de la historia.

Rituales y tradiciones

- **El ayuno:** En Asara B'Tevet, los judíos ayunan desde la salida hasta la puesta del sol. Este ayuno se observa para recordar el sufrimiento de los habitantes de Jerusalén durante el asedio babilónico y expresar empatía por su difícil situación.

- **Recitación de oraciones especiales:** Durante los servicios de la sinagoga en Asara B'Tevet, se recitan oraciones especiales, incluidas las selijot y oraciones penitenciales pidiendo perdón y misericordia.

Costumbres culinarias

El ayuno de Asara B'Tevet consiste en abstenerse de toda comida y bebida durante las horas diurnas. Es una forma de recordar las penurias sufridas por quienes vivieron el asedio de Jerusalén.

Oraciones y reflexiones

Selijot: Las oraciones selijot de Asara B'Tevet se centran en temas de arrepentimiento y perdón. Animan a las personas a reflexionar sobre sus actos y a buscar la reconciliación con Dios. Asara B'Tevet es un día en el que los judíos recuerdan el sufrimiento histórico de sus antepasados durante el asedio babilónico. También es una oportunidad para reflexionar sobre temas más amplios como la resistencia y la fe ante la adversidad.

Variaciones entre comunidades

La observancia de Asara B'Tevet sigue siendo constante en todas las comunidades judías, con el ayuno y la oración como componentes centrales. Aunque las costumbres pueden variar ligeramente, el objetivo principal del día es recordar el pasado y reafirmar los valores del arrepentimiento y la introspección espiritual.

Asara B'Tevet es un día de solemne recuerdo e introspección. Lleva a los judíos a recordar las penurias de sus antepasados y la importancia de la fe y la resistencia ante la adversidad. Aunque puede que no se observe tan ampliamente como otros días de ayuno, tiene el peso de la historia y sirve como testimonio del espíritu perdurable del pueblo judío.

Tzom Tamuz: El preludio del luto

Tzom Tamuz, un día de ayuno y reflexión, marca el inicio de un solemne período de tres semanas en el calendario judío, que conduce a Tisha B'Av, en conmemoración de la destrucción del Primer y Segundo Templo de Jerusalén. Esta celebración está profundamente arraigada en la historia, y evoca a la vez tristeza y expectación, ya que los judíos se preparan para rememorar el trágico pasado.

Rituales y observancia

Tzom Tamuz se celebra con un ayuno de sol a sol, que recuerda a otros días de ayuno judíos. Aunque no es tan riguroso como el Yom Kipur, es un día marcado por la solemnidad. Al salir el sol, los participantes se reúnen en oración y contemplación, reflexionando sobre el significado histórico del día.

Una de las costumbres más conmovedoras asociadas a Tzom Tamuz es la lectura de pasajes del Libro de Ezequiel. Este texto profético describe vívidamente los acontecimientos que condujeron a la destrucción del Primer Templo, incluyendo la ruptura de los muros de Jerusalén y la salida de la presencia divina del Templo Sagrado.

Costumbres culinarias

El ayuno de Tzom Tamuz termina con una comida modesta, a menudo compuesta de alimentos sencillos y fáciles de digerir. Los participantes rompen el ayuno con un sentimiento de gratitud por su sustento, apreciando el alimento como una renovación tanto física como espiritual.

Símbolos y relatos personales

Tzom Tamuz es un recordatorio conmovedor de la fragilidad de los logros humanos y de las consecuencias de la decadencia espiritual. Según la tradición, la ruptura de las murallas de Jerusalén en este día era un presagio de la destrucción que vendría después. Era el momento en que las defensas de la ciudad se derrumbaban, señal de la catástrofe inminente.

Comunidades de todo el mundo comparten historias de resistencia y esperanza, destacando la importancia de la renovación espiritual y la unidad. En muchos sentidos, Tzom Tamuz representa el comienzo de un período de examen de conciencia colectivo que conduce a Tisha B'Av, cuando los judíos se reúnen para llorar la pérdida de su centro espiritual y físico, el Templo Sagrado.

La observancia del Tzom Tamuz varía según la comunidad judía. Algunas se centran más en los aspectos históricos del día, mientras que otras enfatizan sus temas más amplios de introspección y renovación espiritual.

Tzom Tamuz es un momento crucial del calendario judío, que señala un periodo de introspección y anticipación. Recuerda a los participantes que la historia, incluso en sus momentos más oscuros, puede aportar valiosas lecciones para el presente e inspirar un compromiso colectivo de reconstrucción espiritual y física. En las sombras de Tzom Tamuz reside la esperanza perdurable de un futuro en el que puedan prevalecer la unidad y la reverencia a la divinidad.

Tzom Guedaliá: Recordar con un corazón sombrío

Tzom Guedaliá, un día de ayuno menos conocido en el calendario judío, es un conmovedor recordatorio del tumultuoso periodo que siguió a la destrucción del Primer Templo de Jerusalén. Este día solemne, que suele caer a principios de Tishréi (el mismo mes que Rosh Hashaná y Yom Kipur), sirve de homenaje a Guedaliá ben Ajikam, un líder cuya vida fue trágicamente interrumpida.

Rituales y observancia

A diferencia de los grandes ayunos como el Yom Kipur, el Tzom Guedaliá se observa desde el amanecer hasta el anochecer, por lo que es un ayuno relativamente corto. Aunque el ayuno no es tan estricto como otros, su significado histórico y espiritual resuena profundamente entre quienes lo observan.

El día comienza con una comida antes del amanecer, la seudá hamafseket, en la que los participantes toman una comida ligera antes de que comience el ayuno. Es un momento de tranquila reflexión, similar a la última comida de un preso condenado, en honor al destino de Guedaliá.

A lo largo del día, los judíos rezan y contemplan, buscando conexión espiritual y consuelo. El Libro de las Lamentaciones (Eijá) suele leerse como un texto sombrío que lamenta la destrucción del Primer Templo y el posterior exilio. También se recitan oraciones especiales, conocidas como selijot y oraciones penitenciales, que subrayan la necesidad colectiva de arrepentimiento e introspección.

Costumbres culinarias

La sopa de lentejas es un plato tradicional

El final del ayuno está marcado por una comida, que suele consistir en alimentos sencillos y nutritivos. Entre los platos tradicionales está la sopa de lentejas, un guiño a la última comida de Guedaliá antes de su asesinato. Los dátiles y las granadas, símbolo de esperanza y renovación, también tienen su lugar en la mesa después del ayuno.

Símbolos y relatos personales

Tzom Guedaliá trata de preservar la memoria de un líder cuya vida quedó truncada. Guedaliá ben Ajikam era conocido por su dedicación a la reconstrucción de la comunidad judía tras la destrucción del Primer Templo. Su asesinato a manos de un compañero judío, Ishmael ben Netaniá, fue devastador para quienes habían depositado sus esperanzas en él.

Al celebrar Tzom Guedaliá, los judíos se reúnen para recordar el compromiso de Guedaliá con la unidad y su trágico final. Las comunidades comparten historias de resistencia y el espíritu perdurable de un pueblo que se ha enfrentado a innumerables pruebas a lo largo de la historia.

Las distintas comunidades judías de todo el mundo varían en su observancia. Algunas se centran más en los aspectos históricos del día, mientras que otras hacen hincapié en los temas más amplios del arrepentimiento y la unidad.

Tzom Guedaliá es un recordatorio conmovedor de que la historia judía está llena de triunfos y tragedias. Anima a las personas a reflexionar no solo sobre el pasado, sino también sobre el presente y el futuro, fomentando un sentido de responsabilidad colectiva y el compromiso de reconstruir, incluso ante la adversidad.

Taanit Ester: Ayuno a la sombra de la redención

Taanit Ester, un día de ayuno observado en la víspera de Purim, ocupa un lugar único en el calendario judío. Un día de sombría reflexión precede a la exuberante celebración de Purim. Este día de ayuno conmemora un acto de gran valor de la reina Ester, que desempeñó un papel fundamental en la salvación del pueblo judío.

Rituales y observancia

Taanit Ester es un ayuno del amanecer al anochecer, similar a la observancia de Yom Kipur y otros ayunos significativos de la tradición judía. En este día, los judíos se abstienen de comer y beber, dedicándose a la oración, la introspección y el estudio.

Una de las costumbres distintivas asociadas a Taanit Ester es la lectura pública del Libro de Ester, también conocido como la Meguilá. Esta lectura es un recordatorio de los acontecimientos que condujeron a la salvación de los judíos en la antigua Persia y el preludio de la gran celebración de Purim.

Costumbres culinarias

Cuando el día de ayuno llega a su fin, se prepara una comida especial para la noche. Es costumbre romper el ayuno con un banquete festivo, que incluye una variedad de alimentos tradicionales asociados con Purim. Entre estos manjares están los hamantaschen, pasteles triangulares rellenos de dulce, que simbolizan la naturaleza oculta de los acontecimientos del Libro de Ester.

Los Hamantasch suelen comerse durante Taanit Esther
Eden Aviv, CC0, vía Wikimedia Commons:

Símbolos y relatos personales

Taanit Ester resuena profundamente en la comunidad judía porque representa el valor de la reina Ester, quien, a pesar de sus temores, ayunó durante tres días antes de acercarse al rey Asuero para interceder en favor de su pueblo. Su abnegación y valentía condujeron a la salvación de la población judía de la antigua Persia del complot del malvado Amán para aniquilarla.

Existen variaciones en la observancia de Taanit Ester entre las distintas comunidades judías: algunas hacen hincapié en los aspectos históricos del día y otras se centran en sus temas más amplios de valentía y abnegación.

Como muchas observancias judías, Taanit Ester tiende un puente entre los acontecimientos históricos y la relevancia contemporánea. Anima a las personas a inspirarse en el pasado y aplicarlo a su vida actual, recordándonos que incluso en los tiempos más oscuros, la búsqueda de la justicia y la rectitud puede conducir a la redención y la alegría.

Taanit Bejorot: Ayuno de recuerdo y gratitud

Taanit Bejorot, un día de ayuno menos conocido del calendario judío, guarda una profunda relación con la historia del Éxodo de Egipto. Celebrado por los primogénitos varones judíos el día anterior a la Pascua judía, sirve como conmovedor recordatorio de los milagrosos acontecimientos que tuvieron lugar durante ese momento crucial de la historia judía.

Rituales y observancia

Taanit Bejorot no es un ayuno de un día entero como Yom Kipur o Tisha B'Av. En su lugar, es un ayuno que abarca las horas del día, observado desde el amanecer hasta que el festivo Séder de Pascua comienza por la noche. Este ayuno parcial es una forma de que los primogénitos conmemoren el papel especial que desempeñaron en la historia del Éxodo.

El ayuno comienza con un servicio de oración matutino, durante el cual los primogénitos se entregan a la introspección y a la gratitud por su supervivencia. Muchas sinagogas también ofrecen un Siyum, una celebración especial que marca la finalización de un tratado del Talmud y que permite a los presentes romper el ayuno.

Costumbres culinarias

Una de las costumbres únicas asociadas a Taanit Bejorot es la oportunidad que tienen los primogénitos de asistir a un Siyum y participar en una comida de celebración. Completar una sección del Talmud representa la alegría de aprender y la interconexión de las tradiciones judías.

Esta comida de celebración, que suele celebrarse en la sinagoga o en un entorno comunitario, permite a los primogénitos cumplir con su obligación del día de ayuno y disfrutar de un respiro festivo antes del Séder de Pésaj.

Símbolos y relatos personales

Taanit Bejorot es un día que establece un vínculo directo entre la vida judía contemporánea y los acontecimientos del Éxodo. Es un vívido recordatorio de la última plaga en Egipto, en la que perecieron los primogénitos de los egipcios, mientras que los primogénitos de los israelitas se salvaron gracias a la sangre del cordero pascual en los postes de sus puertas.

Aunque los acontecimientos históricos del Éxodo puedan parecer lejanos, Taanit Bejorot permite a los primogénitos conectar con la gratitud que debieron sentir sus antepasados. Es un día para reflexionar sobre el milagro de la supervivencia y el legado perdurable del pueblo judío.

Existen variaciones en la observancia de Taanit Bejorot entre las distintas comunidades judías: algunas ponen mayor énfasis en los aspectos históricos del día y otras se centran en sus temas más amplios de gratitud y continuidad.

Al celebrar Taanit Bejorot, las comunidades judías se reúnen para reflexionar sobre la interconexión de su fe, su herencia y su viaje compartido a través de la historia. Es un día que tiende un puente entre el pasado y el presente, recordando a los primogénitos su papel único en la historia del Éxodo y en la memoria colectiva del pueblo judío.

En la tradición judía, los días de fiesta y ayuno son un poderoso recordatorio del poder de la memoria comunitaria y de la importancia de la reflexión. Sirven como recordatorios significativos de la herencia compartida, el coraje colectivo y la gratitud ante la adversidad. Ayudan a sacar fuerzas de sus luchas para seguir prosperando incluso en tiempos difíciles. A través de su observancia, se conecta con su pasado y encuentra inspiración para su futuro.

Capítulo 4: El poder de la oración

La oración trasciende los límites de la mera tradición, convirtiéndose en una profunda expresión de fe. Es un conducto sagrado a través del cual las personas canalizan sus esperanzas, aspiraciones y gratitud a los cielos. Constituye un vínculo vital que une a los mortales con los inmortales. Permite al espíritu humano ascender y tocar el reino divino.

La oración es un canto exultante de acción de gracias en momentos de celebración y alegría. Es un coro de voces que se alzan en armonía para expresar gratitud por las bendiciones de la vida. Se convierte en un manantial de fortaleza durante la adversidad, ofreciendo consuelo y guía cuando el camino a seguir parece oscurecido.

Sin embargo, quizá lo más profundo sea que la oración es un poderoso medio de conexión. Es un vínculo vital que une generaciones, un recipiente a través del cual la sabiduría y la devoción de los antepasados fluyen hacia los corazones de sus descendientes. Es un acto comunitario, que une a los individuos en unidad y propósito compartido, trascendiendo las fronteras del tiempo y el espacio.

Propósito de la oración judía

La oración es una línea directa de comunicación entre las personas y Dios
TuBellaquito, CC BY-SA 4.0 <https://creativecommons.org/licenses/by-sa/4.0>, vía Wikimedia Commons: https://commons.wikimedia.org/wiki/File:Puerto_Rican_Jew_praying.jpg

En esencia, la oración judía es una línea directa de comunicación entre los individuos y Dios. Cumple varios propósitos cruciales:

- **Conexión espiritual:** La oración es un medio para que los judíos establezcan y alimenten una relación personal con Dios. A través de la oración, expresan su fe, devoción y deseo de conexión espiritual.

- **Guía y reflexión:** La oración judía suele incluir la recitación de textos sagrados y pasajes de la Torá, que guían la conducta ética y moral. Sirve como recordatorio de los principios y valores que deben conformar la propia vida.

- **Gratitud y súplica:** Las oraciones se ofrecen como expresiones de gratitud por las bendiciones recibidas y como peticiones de asistencia, guía y protección divinas en tiempos difíciles.

Su importancia en la vida cotidiana

La oración judía no se limita a ocasiones o lugares de culto específicos. Por el contrario, impregna la vida cotidiana. La tradición judía anima a las personas a rezar con regularidad, con oraciones prescritas para la mañana, la tarde y la noche. Esta práctica constante fomenta la atención a la divinidad en las actividades cotidianas.

- **Bendiciones matutinas:** Al despertar, los judíos ofrecen bendiciones que expresan gratitud por el don de la vida y la renovación de cada día. Este ritual matutino, conocido como "Birkot Hashajar", establece un tono positivo para el día siguiente.

- **Amidá:** La "Amidá", también conocida como "Shemoneh Esreh", es una oración central que se recita varias veces al día. Consta de dieciocho o diecinueve bendiciones, según la hora y el día. Abarca muchos temas, desde la alabanza y la gratitud hasta las peticiones de curación y redención.

- **Sabbat y festividades:** En el sabbat y las fiestas judías, se recitan oraciones y bendiciones especiales para marcar y celebrar estos momentos sagrados, realzando su significado.

Estructura de la oración judía tradicional

La oración judía tradicional sigue un formato estructurado que ha evolucionado a lo largo de los siglos. Se realiza principalmente en hebreo, la lengua sagrada del judaísmo, pero suele haber traducciones disponibles para quienes no la dominen.

- **Kavaná (intención):** Antes de empezar a rezar, es esencial tener la intención y la concentración adecuadas. Esto implica preparar el corazón y la mente para conectar sinceramente con Dios.

- **Shemá:** La recitación del "Shemá" es un momento crucial de la oración judía, en el que se declara la unicidad de Dios. A menudo le sigue el "V'ahavta", que enfatiza el mandamiento de amar a Dios.

- **Amidá:** La Amidá es la piedra angular de la oración judía. Consta de bendiciones y secciones específicas, cada una con un tema distinto, como alabanzas, peticiones de perdón y peticiones de salud y paz.

- **Lectura y estudio de la Torá:** Muchos servicios de oración incluyen la lectura de pasajes de la Torá y otros textos sagrados, lo que brinda una oportunidad para el estudio y la reflexión.
- **Bendiciones finales:** Las oraciones suelen concluir con gratitud y esperanza, reforzando la conexión entre el individuo y la divinidad.

La oración judía es una práctica polifacética que da forma a la vida espiritual de los judíos. Su propósito va más allá del mero ritual y abarca la conexión, la reflexión y la gratitud. El formato estructurado de la oración judía tradicional garantiza que esta rica tradición continúe prosperando y siga siendo una parte central de la identidad y la devoción judías.

Shemá: Declaración de fe

El Shemá, quizá la oración más emblemática del judaísmo, tiene su origen en la Torá, concretamente en el Libro de Deuteronomio (6:4-9). Es la piedra angular de la oración y las creencias judías, y encierra el principio monoteísta central del judaísmo: la creencia en un solo Dios. Tradicionalmente, el Shemá se recita dos veces al día, por la mañana y por la noche, para que los judíos reafirmen su fe y devoción.

Tiempo y contexto

La recitación del Shemá está profundamente entretejida en la vida cotidiana de los judíos observantes. Por la mañana, forma parte integrante de la plegaria matutina (Shajarit); por la tarde, se incluye en la plegaria vespertina (Maariv). Recitar el Shemá es un ritual que se realiza en casa, a menudo antes de acostarse, y que crea una conexión sagrada entre las personas, su fe y sus familias.

Importancia espiritual y cultural

El Shemá es una poderosa declaración de fe e identidad judías. Sus palabras, "Escucha, Israel, el Señor nuestro Dios, el Señor es uno", encapsulan la esencia del monoteísmo y la relación única entre Dios y el pueblo judío.

Aspectos personales y comunitarios

El Shemá es un recordatorio diario del compromiso judío con Dios. Es una oración de unidad, tanto en su mensaje de la unicidad de Dios como en su práctica. Las familias se reúnen para recitarla juntas, reforzando sus lazos y transmitiendo su fe a la siguiente generación.

Jacob comparte su experiencia: *"Recitar el Shemá con mis hijos antes de acostarse es un ritual familiar sagrado. Nos acerca a nuestra fe y a los demás. Es un momento de tranquilidad, reflexión y amor".*

El Shemá es una experiencia profundamente personal y comunitaria. La cadencia rítmica de sus palabras, la resonancia emocional de su mensaje y los lazos que forja en el seno de las familias y las comunidades hacen del Shemá una oración que realmente cobra vida en los corazones y las mentes de quienes la recitan.

Amidá: Oración de pie

La Amidá, a menudo llamada "Oración de pie", es una de las oraciones más esenciales y centrales de la liturgia judía. Sus orígenes se remontan al periodo del Segundo Templo, y su composición se atribuye a la Gran Asamblea (Anshei Knesset HaGuedolah). Esta plegaria representa un viaje espiritual que guía a los individuos desde la alabanza y la gratitud hasta la súplica personal.

Tiempo y contexto

La Amidá se recita varias veces al día y constituye el núcleo de los tres servicios de oración diarios: Shajarit (por la mañana), Minjá (por la tarde) y Maariv (por la noche). Es una parte trascendental de los servicios de la sinagoga, y su recitación en un minián (un quórum de diez adultos judíos) tiene un significado especial. Fuera de la sinagoga, también se recita en privado, lo que permite a los individuos entablar conversaciones personales e íntimas con la divinidad.

Importancia espiritual y cultural

La Amidá es un viaje espiritual que abarca todo el espectro de la experiencia humana. Comienza con la alabanza a la majestad de Dios, pasa a la gratitud por su providencia y culmina con peticiones personales. Esta progresión estructurada permite a los judíos conectar profunda y personalmente con Dios, al tiempo que reconocen su lugar dentro de la comunidad judía en general.

Aspectos personales y comunitarios

En las sinagogas, la Amidá suele recitarse de pie, lo que refleja la tradición judía de acercarse a Dios con reverencia y respeto. Aunque las palabras de la oración siguen siendo las mismas, las súplicas personales insertadas en la sección "Shemá Koleinu" (Escucha nuestra voz) permiten a los individuos expresar sus necesidades y preocupaciones particulares.

David comparte su experiencia: *"Durante la Amidá, siento una profunda conexión con mi fe y mi comunidad. Cuando recito mis súplicas, es como si estuviera derramando mi corazón ante Dios, y sé que no estoy solo en mis esperanzas y lucha".*

La Amidá es una experiencia transformadora que acerca a las personas a Dios y a sus compañeros de culto. Su flujo rítmico, su progresión de la alabanza a la petición personal y su capacidad para fomentar un sentimiento de pertenencia a la comunidad judía hacen de la Amidá una oración dinámica y muy apreciada. Es un momento de elevación espiritual que trasciende las fronteras de tiempo y lugar, uniendo a los judíos en un viaje de fe compartido.

Kadish: Oración por los difuntos

El Kadish es una poderosa y profundamente simbólica oración judía por los difuntos. Sus orígenes se remontan a la Mishná, un texto judío fundacional que data del siglo II de nuestra era. A lo largo de los siglos, el Kadish se ha convertido en un elemento central de los rituales judíos de duelo y recuerdo.

Tiempo y contexto

El Kadish se recita en momentos específicos del proceso de duelo judío. Suele recitarse durante el periodo de duelo (Shivá) que sigue a la muerte de un ser querido. Además, ocupa un lugar destacado en el servicio Izkor, que tiene lugar en Yom Kipur y otras festividades judías importantes. El servicio Izkor permite recordar y rezar por los familiares y amigos fallecidos.

Importancia espiritual y cultural

El Kadish tiene un profundo significado espiritual para los judíos. Es un testimonio del vínculo duradero entre los vivos y las almas difuntas. Aunque es una oración por los muertos, no menciona la muerte. En cambio, alaba y santifica el nombre de Dios, afirmando que Dios es compasivo, incluso ante la pérdida y el dolor.

Aspectos personales y comunitarios

Recitar el Kadish es una práctica comunitaria que une a los dolientes y a la congregación. Suele recitarse en un minyan, un quórum de diez adultos judíos, lo que subraya la importancia del apoyo comunitario en momentos de duelo.

El Kadish es una oración de conexión y recuerdo. Su cadencia rítmica y repetitiva proporciona una estructura reconfortante para que los dolientes expresen su dolor y honren la memoria de sus seres queridos. Es un recordatorio de que, incluso en tiempos de dolor, la comunidad judía se mantiene unida para apoyarse mutuamente y reafirmar su fe en la compasión y la justicia de Dios.

Birkat HaMazón: Gracia después de las comidas

Birkat HaMazón, comúnmente conocida como la "gracia después de las comidas", es una oración judía de gratitud que se recita después de comer una comida que incluya pan. Sus orígenes se remontan a los tiempos bíblicos, cuando se estableció como expresión de agradecimiento por el sustento proporcionado por Dios.

Tiempo y contexto

Esta oración se recita tradicionalmente después de consumir una comida que incluya pan. Es parte integrante de la etiqueta judía en las comidas, y subraya la importancia de reconocer el papel de Dios en la provisión de alimentos. Ya sea en una cena festiva de shabat, en un Séder de Pascua o en un simple almuerzo entre semana, Birkat HaMazón recuerda a los judíos la sagrada conexión entre el sustento físico y la gratitud espiritual.

Importancia espiritual y cultural

Birkat HaMazón es un poderoso recordatorio del valor judío de la gratitud. Transforma un acto mundano como comer en una experiencia espiritual, fomentando la atención y el agradecimiento por las bendiciones del sustento. La oración reconoce el papel de Dios como proveedor supremo y expresa gratitud por la abundancia de alimentos.

Aspectos personales y comunitarios

Aunque el Birkat HaMazón puede recitarse individualmente, a menudo se hace en grupo, lo que refuerza aún más los lazos comunitarios de compartir una comida. Recitar la oración juntos amplifica el sentimiento de unidad y gratitud dentro de la comunidad.

David comparte su experiencia: *"Recuerdo la primera vez que recité Birkat HaMazón con mi familia. Fue un momento de unión, gratitud y reflexión sobre el sencillo pero profundo acto de compartir una comida".*

Birkat HaMazón trasciende el mero acto de dar las gracias por una comida. Su recitación rítmica y melódica añade una capa de espiritualidad a la comida. Aporta un sentido de conciencia, recordando a los judíos que deben apreciar las bendiciones del sustento y los lazos comunitarios que se forman en torno a la mesa. Birkat HaMazón es una tradición intemporal que alimenta el cuerpo y el alma, uniendo a las personas en gratitud y recordándoles el carácter sagrado de la vida cotidiana.

Tefilín y Talit: Accesorios de oración

Los tefilín y los talit, a menudo llamados "filacterias" o "manto de oración" en español, son dos accesorios esenciales para la oración en la tradición judía. Sus orígenes se remontan a los tiempos bíblicos y talmúdicos, donde se establecieron como poderosas herramientas para conectar con Dios a través de la oración.

Tefilín

Tefilín Shel Yad (Tefilín de mano): Los tefilín para la mano consisten en dos pequeñas cajas negras que contienen versículos de la Torá, atadas al brazo con correas de cuero. Sirven como recordatorio tangible de los mandamientos de Dios.

Tefilín Shel Rosh (Tefilín para la cabeza): Los tefilín para la cabeza se llevan con correas de cuero negro que descansan sobre la frente y rodean la cabeza. Simbolizan la conexión entre los pensamientos y las acciones al servir a Dios.

El tefilín de cabeza simboliza la conexión entre los pensamientos y las acciones en el servicio a Dios

Talit

El talit es un manto de oración con flecos especiales, llamados tzitzit, en las cuatro esquinas. Estos flecos sirven para recordar los mandamientos y la identidad judía. El talit se suele llevar durante las oraciones matutinas, sobre todo en días laborables y en shabat.

Tiempo y contexto

Tefilín: Tradicionalmente, los hombres judíos se ponen los tefilín todas las mañanas entre semana durante la oración de Shajarit. Esta práctica simboliza su compromiso de cumplir los mandamientos de Dios y conectar con Él mediante la recitación de oraciones.

Talit: El talit se usa durante las oraciones matutinas, principalmente durante el servicio de Shajarit, pero también puede usarse en otras ocasiones, como durante la lectura de la Torá y ciertas oraciones festivas

Importancia espiritual y cultural

Tefilín: Los tefilín son una expresión tangible de la devoción judía y de la obediencia a los mandamientos de Dios. Son un recordatorio constante del pacto entre Dios y el pueblo judío, que refuerza la importancia de la atención y la adhesión a sus enseñanzas.

Talit: El talit envuelve al devoto, creando un espacio sagrado para la oración. Sus flecos de tzitzit son un recordatorio táctil de la presencia y los mandamientos de Dios, y fomentan la concentración espiritual durante la oración.

Aspectos personales y comunitarios

Tefilín: Ponerse los tefilín es un ritual diario profundamente personal e íntimo. También es una práctica comunitaria en las sinagogas, donde los hombres se reúnen para rezar y conectar con Dios.

Talit: Cuando se coloca sobre los hombros, el talit simboliza el compromiso compartido con la tradición y la fe judías. Es un signo visible de la dedicación de un judío a su herencia.

Los tefilín y el talit no son meros accesorios, sino prendas sagradas que sirven de conducto para la conexión espiritual. Estos accesorios para la oración dan testimonio de las perdurables tradiciones que enriquecen la oración judía. Refuerzan los lazos entre los individuos, su fe y su herencia.

Kidush Levaná: Bendición de la Luna

El Kidush Levaná, también conocido como la Bendición de la Luna, es un ritual judío único que celebra la luna nueva. Sus orígenes se remontan a antiguos textos judíos, incluido el Talmud, donde se menciona como una forma de ofrecer bendiciones y oraciones bajo la luz de la luna.

Tiempo y contexto

El Kidush Levaná se realiza normalmente en una noche clara, iluminada por la luna, preferiblemente durante la primera mitad del mes hebreo, cuando la luna está creciente. No se realiza durante las noches más oscuras del mes, especialmente durante la transición de la luna menguante a creciente.

Importancia espiritual y cultural

Este ritual se basa en la creencia de que la luna representa la naturaleza cíclica del tiempo y sirve como símbolo de renovación y renacimiento. Al recitar bendiciones y oraciones bajo la luna, los judíos conectan con los ritmos de la naturaleza y afirman su fe en el Creador.

Aspectos personales y comunitarios

El Kidush Levaná suele realizarse en un entorno comunitario, como los servicios vespertinos de la sinagoga. Sin embargo, los individuos pueden realizarlo solos o con sus familias en casa. Fomenta un sentimiento de unidad entre quienes se reúnen bajo el resplandor de la luna, recordándoles su conexión común con la tradición judía y el mundo natural.

El Kidush Levaná acerca a los judíos a los ritmos de la naturaleza y a la presencia divina. Recitar bendiciones y oraciones bajo la suave luz de la luna fomenta una profunda conexión tanto con el Creador como con el mundo natural. Es un ritual que trasciende el tiempo y el lugar, recordando a los judíos la belleza perdurable de sus tradiciones y su conexión con el cosmos.

Havdalá: La separación del shabat

Havdalá, que significa "separación" en hebreo, es un ritual judío que marca el final del día sagrado del shabat (sabbat) y la transición de vuelta a la semana laboral normal. Sus orígenes se remontan al Talmud, donde se describe como una forma de distinguir entre lo sagrado y lo mundano.

Tiempo y contexto

La havdalá se celebra el sábado por la noche, después de que salgan las estrellas y concluya oficialmente el shabat. Tradicionalmente se hace en casa, pero también puede celebrarse en un entorno comunitario. El ritual debe celebrarse poco después del anochecer.

Importancia espiritual y cultural

La havdalá es un momento conmovedor que resume la esencia del shabat. Sirve para recordar el carácter sagrado de este día de descanso y reflexión, al tiempo que prepara a las personas para los retos y oportunidades de la semana siguiente. Las bendiciones del ritual involucran los cinco sentidos, desde la visión de la llama de la vela trenzada hasta la dulce fragancia de las especias, involucrando a los fieles en una experiencia multisensorial.

Aspectos personales y comunitarios

La havdalá suele ser un acto familiar, en el que los seres queridos se reúnen para despedir el shabat y dar juntos la bienvenida a la nueva semana. Es un momento de reflexión, gratitud y esperanza para la semana que comienza. El aspecto comunitario de la havdalá refuerza los lazos familiares y comunitarios, y subraya la importancia de las tradiciones compartidas.

La havdalá anima a los judíos a llevar consigo la esencia espiritual del shabat durante la semana, impregnando su vida cotidiana de conciencia y propósito. Las bendiciones poéticas y los elementos sensoriales de la ceremonia la convierten en una tradición profunda y apreciada que ayuda a tender puentes entre lo sagrado y lo cotidiano.

Birkat Cohanim (Bendición sacerdotal): Bendición divina.

El Birkat Cohanim, también conocido como la Bendición sacerdotal, es una importante bendición judía cuyos orígenes se remontan a la Torá, concretamente al Libro de los Números (6:23-27). Tradicionalmente, esta bendición la imparten los descendientes de Aarón, los sacerdotes (Kohanim), a la congregación.

Tiempo y contexto

El Birkat Cohanim se recita habitualmente durante los servicios de la sinagoga, en particular durante el servicio de Musaf (adicional) en shabat y en las festividades judías. Es una parte esencial de estas reuniones, y significa una conexión especial con la divinidad.

Importancia espiritual y cultural

Esta bendición tiene un inmenso significado espiritual para los judíos. Invoca la protección, la gracia y el favor de Dios sobre la congregación. La triple repetición de la bendición se compara a menudo con niveles ascendentes de santidad. La repetición intensifica su potencia y reafirma la importancia de invocar las bendiciones de Dios en el culto comunitario.

Aspectos personales y comunitarios

Aunque los sacerdotes recitan el Birkat Cohanim, está destinado a toda la congregación. Los fieles extienden las manos e inclinan la cabeza para recibir las bendiciones, creando un profundo sentimiento de unidad y espiritualidad compartida. Es un momento de conexión comunitaria con Dios y un recordatorio de los deberes sacerdotales descritos en la Torá.

El Birkat Cohanim es un momento sagrado de conexión entre los sacerdotes, la congregación y Dios. Sus palabras y gestos intemporales trascienden el tiempo y el espacio, unificando a los judíos en su fe y herencia compartidas. Es una poderosa afirmación de la presencia de Dios en sus vidas y una fuente de consuelo e inspiración en los momentos de culto y reunión comunitaria.

Izkor: Oración conmemorativa

El Izkor, la oración conmemorativa, es una oración judía solemne y profundamente emotiva que permite a las personas recordar y honrar a sus seres queridos fallecidos. Sus orígenes se remontan a la época medieval y se ha convertido en parte integrante de los rituales judíos de duelo y recuerdo.

Tiempo y contexto

El Izkor se recita en cuatro ocasiones concretas durante el año judío: Yom Kipur, Shemini Atzeret (el octavo día de Sucot), el último día de la Pascua judía y Shavuot. Estos momentos coinciden con las principales festividades judías, lo que subraya la conexión entre el recuerdo de los difuntos y la celebración del calendario judío.

Importancia espiritual y cultural

El Izkor es una profunda expresión de dolor, amor y recuerdo. Permite a las personas conectar con los recuerdos de sus familiares y amigos fallecidos, garantizando que sus legados perduren. La oración refleja la creencia judía en la naturaleza eterna del alma y la importancia de mantener vivo el recuerdo de los seres queridos.

Aspectos personales y comunitarios

El Izkor suele recitarse en una sinagoga, donde una congregación de fieles se reúne para recordar colectivamente a sus familiares y amigos fallecidos. Es un acto comunitario de recuerdo que subraya la importancia del apoyo y la empatía durante el duelo.

Ariel comparte su experiencia: *"El Izkor es un momento profundamente personal y emotivo para mí. Es un momento en el que puedo reflexionar sobre el amor y la sabiduría que mis abuelos compartieron conmigo. Estar en una sala llena de otras personas que también recuerdan a sus seres queridos me recuerda que no estoy sola en mi dolor".*

El Izkor es un recordatorio conmovedor de los vínculos duraderos entre los vivos y los difuntos. Es un momento sagrado que tiende un puente entre el pasado y el presente, asegurando que los recuerdos de los seres queridos permanezcan vivos y preciados. Las sentidas palabras de la oración y el contexto comunitario ofrecen consuelo, apoyo y una profunda conexión con los que ya no están.

Tashlij: Arrojar los pecados

Tashlij, que significa "arrojar" en hebreo, es un ritual simbólico judío que se observa durante las Altas Fiestas, concretamente en Rosh Hashaná, el Año Nuevo judío. Sus orígenes se remontan a los tiempos bíblicos, cuando el profeta Miqueas habló de Dios arrojando los pecados a las profundidades del mar (Miqueas 7:19). Desde entonces, Tashlij ha evolucionado hasta convertirse en una expresión tangible de la búsqueda del perdón y la renovación espiritual.

Tiempo y contexto

El Tashlij suele celebrarse el primer día de Rosh Hashaná o el segundo día si el primero cae en shabat. Suele celebrarse cerca de una masa de agua corriente, como un río, un arroyo o el océano. El entorno añade una profunda dimensión al ritual, simbolizando la limpieza y renovación del alma.

Importancia espiritual y cultural

Este ritual encarna el concepto judío de teshuvá, que significa arrepentimiento o retorno. El Tashlij ofrece una oportunidad para la autorreflexión y el despojo simbólico de pecados y remordimientos. Al arrojar migas de pan o pequeños objetos al agua, los participantes se desprenden metafóricamente de sus transgresiones, buscando el perdón de Dios.

Aspectos personales y comunitarios

El Tashlij suele celebrarse en un entorno comunitario, con congregaciones o familias que se reúnen a orillas del agua. Juntos rezan, reflexionan y arrojan migas de pan. Este aspecto comunitario refuerza el sentido de responsabilidad compartida para el crecimiento espiritual y el perdón.

El Tashlij resume la esencia de las Altas Fiestas: arrepentimiento, renovación y la esperanza de un futuro mejor. Es un viaje simbólico de introspección y reconciliación con Dios y con uno mismo. El acto de arrojar los pecados al agua que fluye es una representación tangible del deseo de crecimiento espiritual y de borrón y cuenta nueva en el año venidero. El Tashlij es un recordatorio eterno de que, a pesar de nuestras imperfecciones, el camino hacia el perdón y la renovación siempre está al alcance de la mano.

La oración desempeña un papel esencial en la fe y la cultura judías. A través de rituales como Birkat Cohanim, Izkor y Tashlij, los judíos entran en comunión con Dios y recuerdan a sus seres queridos. Estos poderosos actos de culto conectan a las personas con la divinidad. También sirven para recordarnos que somos capaces de renovarnos y crecer a pesar de nuestros defectos. Al participar conscientemente en estos rituales, los judíos encuentran consuelo espiritual, fuerza y conexión con Dios.

Capítulo 5: Símbolos y objetos sagrados

El judaísmo, una de las religiones monoteístas más antiguas del mundo, es rico en simbolismo y objetos sagrados con un profundo significado espiritual y cultural. Estos símbolos y objetos sirven como expresiones tangibles de la fe, recordatorios de la historia e instrumentos para el culto y la observancia.

Más allá de su significado religioso, los símbolos y objetos sagrados judíos son piedras de toque culturales. Evocan un sentimiento de herencia e historia compartida entre las comunidades judías de todo el mundo. A menudo se incorporan al arte, la joyería y la arquitectura, reflejando el legado perdurable del pueblo judío.

Los símbolos y objetos sagrados judíos no son solo artefactos. Son recipientes de significado, espiritualidad e identidad cultural. Conectan a los judíos con su fe, su historia y entre sí, tendiendo un puente entre lo tangible y lo divino en la vida y la tradición judías.

Puentes hacia lo divino

En la tradición judía, los símbolos y objetos sagrados tienen un significado profundo y polifacético. Sirven como puentes tangibles que conectan el mundo físico con el reino espiritual. Estos objetos no son meros adornos, sino conductos de conexión espiritual que entrelazan fe, historia y cultura con un profundo significado.

Permiten a las personas trascender las fronteras del tiempo y el espacio. Facilitan un profundo compromiso con la fe, la historia y la cultura. Estos objetos encarnan la esencia misma del judaísmo. Es una tradición que valora lo tangible y lo intangible, lo terrenal y lo divino, y el pasado, el presente y el futuro. Todo ello posee un profundo significado que sigue inspirando y conectando a generaciones de judíos de todo el mundo.

Menorá: Candelabro de siete brazos

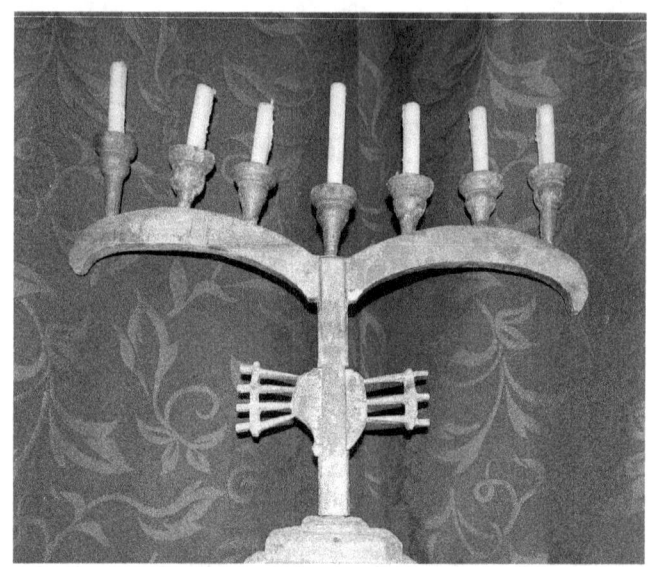

La menorá simboliza la fe y la tradición judías

La menorá, un candelabro de siete brazos, es un símbolo intemporal de la fe y la tradición judías. Con raíces que se remontan a los tiempos bíblicos, tiene un profundo significado religioso e histórico en la práctica judía.

Historia y significado religioso

La historia de la menorá se remonta a las instrucciones que Dios dio a Moisés en el Libro del Éxodo. Sus siete ramas representan los siete días de la Creación, símbolo del poder creador de Dios. Encender la menorá significa la luz divina que ilumina el mundo y el papel del pueblo judío como luz para las naciones. La construcción de oro puro batido simboliza el refinamiento espiritual y la santidad.

Uso en la práctica actual

La menorá sigue ocupando un lugar central en la vida judía contemporánea.

- **Janucá**: La menorá de Janucá, conocida como janukiá, conmemora el milagro del aceite que ardió durante ocho días en el Segundo Templo rededicado. Se enciende durante las ocho noches de Janucá, simbolizando la alegría y la iluminación.

- **Decoración de sinagogas**: En las sinagogas, la menorá representa la presencia eterna de Dios. Una menorá encendida suele adornar el arca que contiene los rollos de la Torá.

- **Eventos del ciclo vital**: La menorá aparece en bodas y bar/bat mitzvá, simbolizando el amor, el compromiso y la transición a la edad adulta judía.

- **Shabat**: Algunos hogares exhiben una menorá de siete brazos como símbolo de santidad durante el sabbat.

La perdurable presencia de la menorá refleja su importancia como recordatorio visual de la fe, la resistencia y la aspiración espiritual. Conecta a los judíos con su herencia y su Creador, proporcionándoles continuidad y pertenencia.

Estrella de David (símbolo hexagramático): El emblema de la identidad judía

La estrella de David es un emblema imborrable de la fe y la herencia judías

https://commons.wikimedia.org/wiki/File:Star_of_David.svg

La Estrella de David, el Magen David o el Escudo de David, es el símbolo por excelencia de la identidad judía. Su intrincado diseño y su arraigada historia la han convertido en un emblema perdurable de la fe y la herencia judías.

Historia y significado religioso

Los orígenes de la Estrella de David están envueltos en la historia, pero se asoció a la identidad judía a finales de la Edad Media. Su nombre, Magen David, significa "Escudo de David", en alusión al rey David, el héroe bíblico que derrotó a Goliat.

Religiosamente, la estrella de David no tiene una referencia bíblica directa en la Biblia hebrea. Sin embargo, se ha adoptado como símbolo de protección y unidad divinas. Los triángulos entrelazados simbolizan la conexión entre Dios y la humanidad. Los dos triángulos representan la relación entre lo divino y lo terrenal.

Uso en la práctica actual

La estrella de David ocupa un lugar destacado en la vida judía contemporánea:

- **Símbolos religiosos:** Aparece en los exteriores de las sinagogas, en los mantones de oración (talit) y en las cubiertas de los rollos de la Torá, destacando su papel en el culto y la práctica religiosa.

- **Identidad judía:** La estrella de David se lleva como joya, se exhibe en banderas y aparece en lápidas funerarias, como orgullosa declaración de identidad judía.

- **Sionismo:** El símbolo se asocia con el movimiento sionista y figura en la bandera de Israel, que representa el carácter y la herencia judíos del Estado.

- **Monumentos conmemorativos del Holocausto:** La estrella de David es un elemento emotivo en los monumentos conmemorativos del Holocausto, que recuerda al mundo la trágica historia de la persecución judía.

El significado perdurable de la estrella de David radica en su capacidad para encapsular la identidad, la fe y la historia judías en un símbolo sencillo. Es un recordatorio de la perdurable fuerza y resistencia del pueblo judío. Lo conecta con su pasado, su presente y su futuro en su contribución a la civilización humana.

Mezuzá: Pergamino de la puerta

La mezuzá une la vida cotidiana con la presencia divina

Deror_avi, CC BY-SA 3.0 <https://creativecommons.org/licenses/by-sa/3.0>, vía Wikimedia Commons: https://commons.wikimedia.org/wiki/File:Mezuzah_IMG_2124.JPG

La mezuzá, un pequeño pergamino inscrito con versículos sagrados, es un símbolo de la fe y la tradición judías. Colocada en los postes de las puertas de los hogares judíos, representa un umbral espiritual que une la vida cotidiana con la presencia Divina.

Historia y significado religioso

Los orígenes de la mezuzá se remontan a la época bíblica, y tienen su origen en el mandamiento de la Torá: *"Y escribirás [estas palabras] en las jambas de tu casa"* (Deuteronomio 6:9). El pergamino contiene versículos del Shemá, que afirma la declaración judía de monoteísmo y amor a Dios.

Colocar una mezuzá es un recordatorio constante de la presencia de Dios y de la importancia de llevar una vida consciente y ética. La mezuzá es más que un adorno decorativo. Es una expresión tangible de la identidad judía y del compromiso con la fe.

Uso en la práctica actual

La mezuzá sigue siendo parte integrante de la vida judía contemporánea:

- **Bendición del hogar:** Colocar una mezuzá en el poste de la puerta es una bendición del hogar muy sentida. Al pasar por la puerta, las personas tocan la mezuzá y se besan los dedos, un gesto de reverencia y conexión.

- **Protección y bendición:** La mezuzá ofrece protección y bendiciones a quienes habitan en el hogar. Simboliza el compromiso de vivir según los valores judíos.

- **Comunidad e identidad:** La presencia de la mezuzá en los postes de las puertas crea un sentimiento de comunidad entre los vecinos judíos e identifica los hogares judíos. Fomenta una fe y una tradición compartidas.

- Acontecimientos del ciclo vital: La mezuzá suele regalarse o colocarse en los postes de las puertas durante acontecimientos del ciclo vital, como bodas, bendiciones de nuevos hogares o bar/bat mitzvá. Estos momentos celebran la continuidad y la herencia judías.

El significado de la mezuzá va más allá de su presencia física. Representa una conexión espiritual con Dios y el compromiso de vivir una vida con sentido y propósito. Es un recordatorio diario de los valores y creencias que definen la identidad judía, reforzando el vínculo sagrado entre lo divino y lo cotidiano.

Talit: Manto de oración

El talit, un distintivo manto de oración judío, es más que una prenda de vestir. Simboliza la fe, la devoción y la conexión entre el devoto y la divinidad. Con raíces ancestrales y un profundo significado espiritual, el talit enriquece la oración y los rituales judíos.

Historia y significado religioso

La historia del talit se remonta a los tiempos bíblicos, cuando en la Torá (Números 15:38-41) se dio el mandamiento de atar flecos, conocidos como tzitzit, a las esquinas de la ropa. Con el tiempo, estos flecos evolucionaron hasta convertirse en el talit tal y como se conoce hoy en día.

El talit sirve para recordar los mandamientos de Dios y la importancia de cumplirlos. El tzitzit representa las seiscientas trece mitzvot (mandamientos) de la tradición judía. Al ponerse el talit, es costumbre recitar una bendición que enfatiza el viaje espiritual y la intención de cumplir los mandamientos.

Uso en la práctica actual

- **Oración y sinagoga:** Los hombres judíos llevan el talit durante los servicios de oración diarios y las reuniones en la sinagoga. Les envuelve en un capullo sagrado y crea un entorno propicio para conectar con Dios.

- **Bendiciones y rituales:** El talit se utiliza durante la recitación de la Amidá (oración de pie), parte central del culto judío. También se coloca sobre la cabeza y los hombros durante el servicio del Kol Nidré en Yom Kipur, un conmovedor momento de introspección espiritual.

- **Legado y herencia:** Los talit suelen ser preciadas reliquias familiares que se transmiten de generación en generación y simbolizan la continuidad de la fe y la tradición en las familias judías.

El significado del talit va más allá de su forma física. Envuelve al devoto en un manto de espiritualidad, ayudando a crear una atmósfera propicia para la oración y la conexión con Dios. Cada prenda sirve como recordatorio tangible del pacto entre el pueblo judío y su Creador, fomentando un sentido de continuidad, devoción y plenitud espiritual.

Tefilín: Filacterias

Los tefilín, también conocidos como filacterias, son objetos sagrados judíos que simbolizan la unidad del corazón y la mente al servicio de Dios. Estas cajas de cuero contienen versículos de la Torá y las llevan los hombres judíos durante las oraciones matutinas de la semana, sirviendo como conexión tangible con los mandamientos divinos y como profunda expresión de fe.

Historia y significado religioso

Llevar tefilín está profundamente arraigado en la Torá, concretamente en los pasajes del Deuteronomio (6:4-9) y del Éxodo (13:1-10). Estos versículos subrayan la importancia de atar los mandamientos de Dios: *"Como una señal sobre tu mano y entre tus ojos"*. Los tefilín, que se llevan en el brazo y en la frente, encarnan esta directiva bíblica.

Llevar tefilín significa el compromiso individual de cumplir los mandamientos de Dios con el corazón y la mente. Las correas que sujetan los tefilín al cuerpo sirven de conexión física con la divinidad y recuerdan la relación única del pueblo judío con Dios.

Uso en la práctica actual

- **Oraciones matutinas:** Al alcanzar la edad de bar mitzvá, los hombres judíos suelen llevar tefilín durante las oraciones matutinas de la semana. Esta práctica subraya la importancia de la conexión diaria con Dios y la observancia de los mandamientos.

- **Concentración y enfoque:** Los tefilín son una herramienta para aumentar la concentración durante la oración. Su atadura requiere atención, asegurando que el devoto se acerque a la oración con devoción e intención.

- **Conexión espiritual:** Llevar tefilín es una expresión tangible de fe, que simboliza la devoción a los mandamientos de Dios. Es un poderoso acto de vinculación del corazón y la mente al servicio de la divinidad.

- **Legado y tradición:** Los tefilín suelen convertirse en preciadas reliquias que se transmiten de generación en generación y representan la continuidad de la fe y la práctica judías.

La práctica de los tefilín encierra la esencia de la espiritualidad judía, uniendo las palabras divinas de la Torá al cuerpo y al alma. Es un ritual diario que refuerza el compromiso judío con una vida guiada por la fe, los valores morales y la observancia de los mandamientos de Dios. Llevar tefilín es un profundo acto de devoción, que une a las generaciones pasadas, presentes y futuras en el vínculo eterno entre Dios y el pueblo judío.

Torá: Rollo de la Ley

La Torá también se conoce como Rollo de la Ley

La Torá, a menudo llamada "Rollo de la Ley", es la piedra angular de la fe y la identidad judías. Este texto sagrado, que comprende los cinco primeros libros de la Biblia hebrea, tiene un inmenso significado espiritual e histórico para el pueblo judío.

Historia y significado religioso

La historia de la Torá tiene sus raíces en los relatos bíblicos de la revelación del Monte Sinaí, donde Dios otorgó a Moisés los mandamientos y enseñanzas divinas. Estas revelaciones quedaron registradas en la Torá, que incluye Génesis, Éxodo, Levítico, Números y Deuteronomio.

La Torá contiene los mandamientos (mitzvot) que guían la conducta ética y moral judía, junto con las historias y relatos que conforman la identidad judía. Es fuente de sabiduría, ley y guía espiritual.

Uso en la práctica actual

- **Servicios de la sinagoga:** El rollo de la Torá ocupa un lugar central en los servicios de la sinagoga, donde las lecturas semanales tienen lugar durante el shabat (el sábado) y los lunes y jueves. Toda la Torá se lee a lo largo de un año, comenzando y concluyendo en la festividad de Simjat Torá.

- **Bar/bat mitzvá:** Los niños y niñas judíos suelen convertirse en bar o bat mitzvá a los trece años. Este rito de iniciación implica la lectura de la Torá durante un servicio religioso en la sinagoga, lo que significa su responsabilidad de observar los mandamientos judíos.

- **Estudio de la Torá:** El aprendizaje judío se centra en el estudio de la Torá y sus comentarios. El estudio de la Torá fomenta una profunda comprensión de la ley judía, la ética y los valores, alimentando el crecimiento espiritual y el compromiso intelectual.

- **Eventos del ciclo vital:** La Torá desempeña un papel central en los acontecimientos del ciclo vital, como las bodas, donde ocupa un lugar destacado, y los funerales, donde significa la importancia de honrar al difunto.

La Torá es un testimonio vivo de la herencia y la espiritualidad judías. Guía la vida cotidiana, informa las decisiones morales y conecta a generaciones de judíos con su historia y su fe compartidas. En sus palabras, los judíos encuentran un código de conducta, una fuente de inspiración, una conexión con Dios y una profunda afirmación de su identidad como pueblo elegido.

Kipá: Gorro

La kipá, también conocida como "yarmulke", es una pequeña prenda circular que cubre la cabeza y que tiene un profundo significado en la tradición judía. Llevada por los hombres judíos como expresión de fe y humildad, la kipá es un recordatorio visible de la conexión de cada uno con Dios y con la comunidad judía.

Historia y significado religioso

La tradición de cubrirse la cabeza en señal de respeto y reverencia se remonta a los tiempos bíblicos. En la tradición judía, la kipá es un recordatorio de que Dios siempre está por encima y observa. Simboliza la humildad, reconociendo que todos somos iguales ante la divinidad.

El uso de la kipá adquirió importancia en la Edad Media, convirtiéndose en parte integrante del atuendo judío. Hoy sigue simbolizando la identidad y la fe judías.

Uso en la práctica actual

- **Oración y sinagoga:** Los hombres judíos llevan kipá durante los servicios de oración y al entrar en una sinagoga. Significa su respeto por el espacio sagrado y su sumisión a la presencia de Dios.

- **Eventos del ciclo vital:** Las kipás (kippot) se distribuyen a menudo en eventos del ciclo vital como el bar mitzvá, bodas y otras celebraciones. Los invitados las llevan como signo de unidad y participación.

- **La vida cotidiana:** Muchos hombres judíos llevan una kipá como parte de su atuendo diario, lo que significa su conciencia constante de la presencia de Dios y su compromiso con los valores judíos.

- **Relaciones entre distintas religiones:** En sociedades diversas y multiculturales, la kipá es un símbolo de la identidad judía que fomenta el entendimiento y el diálogo con personas de distintas creencias.

La kipá es una expresión tangible de la fe judía, la humildad y el compromiso con los mandamientos de Dios. Es un símbolo unificador que trasciende las fronteras culturales y geográficas, conectando a los judíos con su herencia y reforzando su identidad compartida como pueblo elegido. A través de su sencillo diseño, la kipá recuerda a sus portadores y observadores la fuerza perdurable de la tradición judía y la relación entre Dios y el pueblo judío.

Velas del sabbat: Encender la llama del descanso sagrado

Las velas del sabbat simbolizan el calor y la santidad del sabbat o shabat. Al ponerse el sol el viernes por la tarde, las familias judías se reúnen para encender estas velas, dando paso a un día de descanso, reflexión y conexión espiritual.

Historia y significado religioso

La práctica de encender velas en sábado tiene profundas raíces bíblicas. En el Libro del Éxodo, Dios ordena al pueblo judío que recuerde y observe el día de reposo, considerándolo sagrado. Encender velas el viernes por la noche es una expresión tangible de este mandamiento sagrado.

Las velas del sabbat simbolizan la luz física que emiten y la iluminación espiritual que aportan. Las llamas parpadeantes representan la luz divina, la paz y la armonía en el hogar durante el shabat. Encender estas velas es una obligación sagrada, que significa la separación entre lo mundano y lo sagrado.

Uso en la práctica actual

- **Reunión familiar:** Al ponerse el sol el viernes por la tarde, las familias judías se reúnen alrededor de la mesa. La mujer de la casa, a menudo la madre o la abuela, recita la bendición y enciende las velas. La visión de las velas encendidas crea un ambiente sereno.

- **Bendición y oración:** El encendido de las velas va acompañado de una bendición que da la bienvenida al shabat. Las familias suelen recitar oraciones adicionales, expresando gratitud e invocando las bendiciones de Dios sobre sus seres queridos.

- **Paz y tranquilidad:** Las velas sabath crean paz y tranquilidad en el hogar. Su suave resplandor fomenta una sensación de serenidad, favoreciendo la conexión espiritual y la contemplación reposada.

- **Conexión con la tradición:** Encender las velas del sabbat conecta a las familias judías con generaciones de judíos que han observado esta tradición durante milenios. Sirve de vínculo entre el pasado, el presente y el futuro de la identidad judía.

Las velas del sabbat son faros de espiritualidad y recordatorios de la santidad del tiempo. Simbolizan la pausa intencionada en el ajetreo de la vida cotidiana para abrazar el alimento espiritual del shabat. Cuando las velas arden, iluminan la sala y los corazones de los reunidos, encendiendo una llama de unidad, paz y devoción a la eterna tradición judía.

Copa de kidush: Levantar la copa de la santificación

La copa de kidush se utiliza para sostener y bendecir el vino

La copa de kidush, un recipiente utilizado para contener y bendecir el vino, desempeña un papel fundamental en las ceremonias religiosas judías, sobre todo durante el ritual del kidush en shabat y en las festividades judías. Esta copa de elegante diseño simboliza la santificación del tiempo, la comunidad y las bendiciones de la tradición judía.

Historia y significado religioso

La tradición de santificar el sabbat y las fiestas con vino tiene profundas raíces bíblicas. El Kidush, que significa "santificación" en hebreo, es un momento en el que los judíos se reúnen, a menudo alrededor de una mesa, para recitar bendiciones sobre el vino y el pan. Esta práctica tiene sus raíces en la Torá, que ordena la observancia del shabat y las bendiciones que lo acompañan.

La copa de kidush es un símbolo tangible de santidad. Representa no solo las bendiciones del vino, sino también la naturaleza sagrada de las reuniones comunitarias y la continuidad de las tradiciones judías de generación en generación.

Uso en la práctica actual

- **Shabat y fiestas:** Los viernes por la noche y antes de las comidas festivas, los judíos recitan el Kidush, levantando la copa e invocando bendiciones sobre el vino. Esta práctica santifica la ocasión y recuerda a los participantes su pacto con Dios.

- **Bar/bat mitzvá y bodas:** Las copas de Kidush especiales se utilizan a menudo en los acontecimientos del ciclo vital. Bar y bat mitzvá, bodas y otras ocasiones incorporan la copa de Kidush como símbolo de celebración e identidad judía.

- **Comunidad y familia:** La copa del Kidush significa la unidad de la comunidad y la familia judías. Pasar la copa de una persona a otra durante el Kidush refuerza los lazos de parentesco y fe.

- **Legados y reliquias:** Muchas familias poseen copas de Kidush que han pasado de generación en generación. Estas copas sirven como recordatorios tangibles de la historia familiar y comunitaria.

La copa de Kidush es un recipiente para la santificación y la conexión espiritual. Encarna la riqueza de la herencia judía, la alegría de las reuniones comunitarias y el compromiso duradero con la fe. Cuando se levanta la copa de Kidush y se recitan las bendiciones, simboliza el vínculo eterno del pueblo judío con Dios y las bendiciones duraderas de la tradición y la comunidad.

Matzá: Pan sin levadura

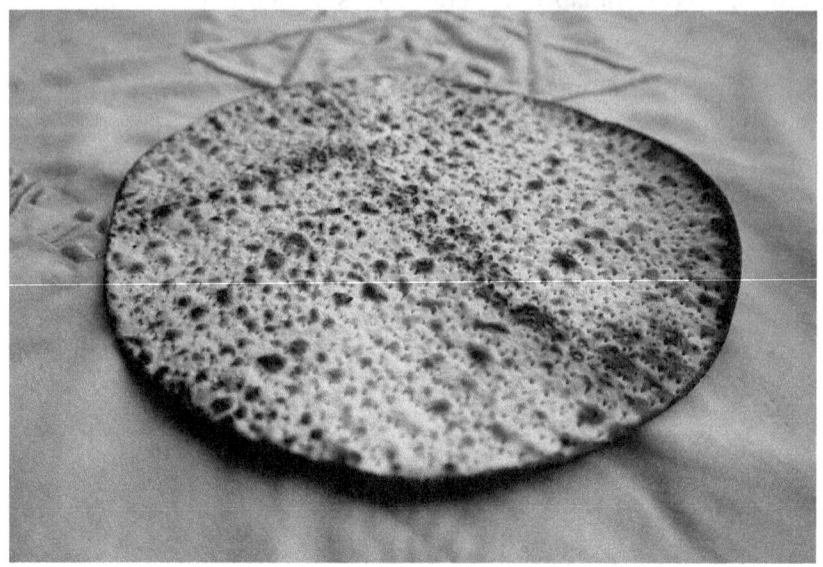

La matzá es un elemento fundamental de la tradición judía

La matzá, el pan ácimo, es un elemento fundamental de la tradición judía, sobre todo durante la fiesta de Pascua. Este sencillo pan plano simboliza la aflicción de la esclavitud y la liberación del pueblo judío.

Historia y significado religioso

A menudo se hace referencia a la matzá como el "pan de la aflicción". Es un poderoso recordatorio de las penurias sufridas durante la esclavitud en Egipto. Su sencillez y la ausencia de levadura representan la humildad y el rechazo de la arrogancia y el orgullo.

Uso en la práctica actual

La matzá sigue siendo un elemento central de la práctica judía, especialmente durante la Pascua judía.

- **Séder de Pascua:** La matzá es la protagonista del Séder de Pascua, una ceremonia especial que se celebra las dos primeras noches de Pascua. Con ella se cumple el mandamiento bíblico de comer pan ácimo durante esta festividad.

- **Elementos simbólicos:** En el plato del Séder de Pascua se colocan tradicionalmente tres matzos, que simbolizan las tres etapas del viaje del pueblo judío: la esclavitud, la libertad y la alianza con Dios.

- **Estricta observancia de la dieta**: Durante la Pascua, los judíos se abstienen de consumir productos con levadura, comiendo solo matzá como símbolo de su compromiso con la historia de la Pascua.

- **Recuerdo y educación:** La matzá sirve como herramienta de enseñanza, garantizando que las generaciones futuras comprendan el significado del Éxodo y la importancia de la libertad.

La matzá es un vínculo vivo con el pasado, un símbolo de fe y un testimonio del espíritu perdurable del pueblo judío. Recuerda a los judíos no solo las amargas experiencias de la esclavitud, sino también el dulce sabor de la libertad y las responsabilidades de vivir con compasión, humildad y compromiso con la justicia y la rectitud.

Los símbolos y objetos sagrados del judaísmo tienen un profundo significado religioso, cultural e histórico. Son recordatorios tangibles de la larga alianza entre el pueblo judío y Dios y del compromiso con la libertad y la justicia. Estos símbolos encarnan la riqueza de la tradición judía y conectan a los judíos de todo el mundo en una comunidad común comprometida con el crecimiento espiritual y la fe. A medida que cada generación transmite su herencia, que estos símbolos les guíen hacia adelante con compasión, humildad y esperanza.

Capítulo 6: Tradiciones musicales

La música es un lenguaje universal que trasciende fronteras y habla al alma. En la rica historia de la cultura humana, las tradiciones musicales judías destacan como testimonio de la perdurable conexión entre melodía y fe. Las tradiciones musicales judías son tan diversas como la propia diáspora judía mundial. Desde los cantos inquietantemente bellos de los judíos sefardíes de España hasta las animadas melodías klezmer de las comunidades asquenazíes de Europa del Este, el panorama musical refleja la naturaleza polifacética de la identidad judía.

La música es un lenguaje universal

En el corazón de la música judía se encuentra una profunda conexión con los textos sagrados y los rituales religiosos. Durante milenios se ha puesto música a salmos y versículos de la Torá. Crean un puente espiritual entre los fieles y la divinidad. La música judía desempeña un papel integral en la vida religiosa, ya sea en la recitación melódica de las oraciones en la sinagoga o en las alegres canciones de celebración durante las fiestas.

El papel de la música en la tradición cultural judía

La música sirve de vehículo de expresión espiritual y preservación cultural. En las sinagogas, la música cantorial enriquece la experiencia de la oración, guía a los fieles con profundidad emocional e intrincadas improvisaciones vocales. Las melodías sin palabras, o nigunim, trascienden las barreras lingüísticas y permiten una conexión directa con la divinidad.

La música judía es vital para preservar el patrimonio cultural y transmitir costumbres e historias de generación en generación. Las celebraciones y festivales están impregnados de música. La música klezmer, conocida por sus alegres melodías, une a la gente. La música judía refleja la diversidad de las comunidades judías de todo el mundo. Mezcla elementos culturales al tiempo que mantiene una identidad propia. También ha contribuido significativamente a la escena musical mundial, con artistas como Leonard Cohen y Bob Dylan que se inspiran en sus orígenes judíos.

En el ámbito educativo, la música transmite a los jóvenes valores e historia judíos. Refuerza la identidad y las raíces culturales judías. En tiempos difíciles, la música proporciona consuelo y curación. La musicoterapia ayuda a la recuperación emocional y a superar traumas en las comunidades judías. La música en la cultura judía es una profunda expresión de fe, cultura y comunidad. A través de sus diversas formas y estilos, preserva la tradición, fomenta las conexiones y enriquece la vida espiritual y cultural de las personas y comunidades judías de todo el mundo.

Tocar el shofar: Los antiguos ecos del alma

La tradición de tocar el shofar es una forma profunda y evocadora de música judía. El shofar es un cuerno de carnero, un instrumento sencillo, pero espiritualmente resonante. Cuando se hace sonar, su llamada profunda e inquietante reverbera con siglos de historia, evocando un sinfín de emociones y conexiones espirituales.

Historia y significado religioso

El shofar ha desempeñado un papel importante en la tradición judía desde los tiempos bíblicos. Sus orígenes se remontan a la historia de la atadura de Isaac, cuando se sacrificó un carnero en lugar del hijo de Abraham. Este acto de intervención divina santificó el cuerno del carnero como símbolo de fe, obediencia y redención.

El toque del shofar es un elemento clave de la práctica religiosa judía, especialmente durante las altas fiestas de Rosh Hashaná (Año Nuevo judío) y Yom Kipur (Día de la Expiación). Su sonido característico es una llamada a la introspección y al arrepentimiento, un recordatorio de la necesidad de enmendarse y buscar el perdón.

Expresión musical

Las melodías del shofar no son tan complejas como las de las composiciones clásicas, pero son ricas en simbolismo y profundidad emocional. Los toques del shofar pueden clasificarse en tres tipos principales:

1. **Tekia (una nota larga y sólida):** El tekia representa una llamada de atención, una llamada a la autorreflexión y a la responsabilidad. Su sonido inquebrantable transmite una sensación de determinación.

2. **Shevarim (una nota rota y temblorosa):** Shevarim, caracterizada por tres explosiones cortas, refleja la noción de quebrantamiento y la necesidad de curación. Transmite el dolor de los errores del pasado y la esperanza de renovación.

3. **Teruah (una serie rápida de notas en staccato):** Teruah, una serie rápida de nueve explosiones cortas, sirve como alarma, un grito para el despertar espiritual. Conlleva un sentido de urgencia y una llamada a la acción.

El impacto emocional del toque del shofar es innegable. Agita el alma, resonando con sentimientos de una profunda conexión con lo divino. El sonido del shofar es crudo y primitivo. Trasciende las palabras y toca las cámaras más recónditas del corazón.

A lo largo de la historia, el shofar ha desempeñado un papel importante en momentos de triunfo y adversidad. Desde la historia bíblica del derrumbamiento de las murallas de Jericó hasta los conmovedores relatos del toque del shofar durante los días más oscuros del Holocausto, el shofar ha sido un símbolo de esperanza, resistencia y fe.

Jazanut: Música cantorial

La música jazanut, o cantorial, es una profunda tradición de la música litúrgica judía, que teje intrincadas melodías, técnicas vocales y, ocasionalmente, instrumentos en el tejido de la oración. Es un conducto para la elevación espiritual y la conexión con la divinidad.

Melodías y elementos musicales

La jazanut se caracteriza por sus melodías y nusach, o modos musicales, únicos. Estos modos, arraigados en antiguas tradiciones, corresponden a momentos específicos del calendario judío o a temas de las oraciones. Los cantores, conocidos como jazanim, se desenvuelven con destreza en estos modos, infundiendo profundidad emocional a las plegarias. Aunque son principalmente vocales, la jazanut pueden incorporar instrumentos como el violín, el órgano o el teclado, lo que mejora la experiencia musical en algunas tradiciones.

Técnicas vocales

- **Voz cantoral:** Los jazanim poseen voces potentes y apasionadas, utilizando una amplia gama para expresar la profundidad del texto litúrgico.

- **Ornamentación:** Las técnicas de ornamentación vocal, incluidos los trinos y los pasajes melismáticos, realzan la belleza y la resonancia emocional del canto.

- **Krechtz del jazán:** El "krechtz del jazán" es un sonido gutural y emotivo que se utiliza en momentos conmovedores para transmitir nostalgia, tristeza o conexión espiritual.

Jazanut trasciende la música. Es un viaje espiritual. Los cantores guían a las congregaciones en la oración, llevándolas a conectar con la divinidad. Las melodías y técnicas vocales de jazanut evocan emociones y fomentan una profunda espiritualidad dentro de la experiencia del culto judío.

Pizmonim: Tesoros musicales sefardíes

Las pizmonim, una vibrante tradición de la música judía sefardí, son una cautivadora combinación de melodías y letras transmitidas de generación en generación. Estas canciones tradicionales son parte integrante de la cultura sefardí. Enriquecen las celebraciones y conectan a las comunidades con su patrimonio.

Melodías y elementos musicales

Las pizmonim abarcan muchas melodías y estilos musicales, reflejo de la diversidad de la diáspora sefardí.

- **Letra en ladino:** Muchas pizmonim se cantan en ladino, una lengua judeoespañola que ha preservado la herencia lingüística y cultural de los judíos sefardíes.

- **Influencias orientales y occidentales:** Las melodías mezclan influencias de las regiones donde se asentaron los judíos sefardíes, incorporando elementos de España, Oriente Medio, el norte de África y los Balcanes.

- **Instrumentos:** Aunque las pizmonim suelen cantarse a capela, instrumentos tradicionales como el oud, el violín y la darbuka pueden acompañar las canciones, realzando su profundidad musical.

Importancia religiosa y cultural

Las pizmonim cumplen diversas funciones en la vida de los judíos sefardíes:

- **Liturgia:** Algunas pizmonim se incorporan a los servicios religiosos, enriqueciendo la experiencia del culto con melodías que conmueven el alma.

- **Acontecimientos del ciclo vital:** Estas canciones acompañan acontecimientos vitales significativos como bodas, circuncisiones y bar/bat mitzvá, dotando a estas ocasiones de significado cultural y religioso.

- **Fiestas y festivales:** Las pizmonim forman parte integrante de las celebraciones festivas, aportando alegría y sentido de comunidad a las reuniones festivas.

- **Preservación del patrimonio:** Estas canciones son un testimonio vivo de la herencia judía sefardí, que preserva la lengua ladina, las costumbres culturales y las tradiciones musicales.

Las pizmonim tiende puentes entre generaciones, uniendo a jóvenes y mayores a través de la experiencia compartida de cantar estas queridas canciones. Ya sea cantando en una sinagoga, alrededor de una mesa familiar o en eventos comunitarios, las pizmonim son una celebración de la cultura sefardí y un testimonio del poder duradero de la música para evocar emociones, preservar tradiciones y fortalecer los lazos comunitarios.

Klezmer: La banda sonora de la vida judía asquenazí

El klezmer, la música tradicional de los judíos asquenazíes, es un género musical enérgico y evocador que encarna la rica cultura de las comunidades judías de Europa del Este. Arraigado en las tradiciones folclóricas de Europa del Este, el klezmer ha evolucionado a lo largo de los siglos hasta convertirse en una expresión vibrante y apreciada de la identidad judía.

Melodías y elementos musicales

Una banda klezmer suele incluir instrumentos como el clarinete, el violín y la trompeta
https://commons.wikimedia.org/wiki/File:KLEZPO.png

La música klezmer se caracteriza por sus melodías distintivas, ritmos enérgicos y una fusión de estilos musicales de Europa del Este, Oriente Medio y los Balcanes. Sus elementos clave son:

- **Instrumentación:** Las bandas de klezmer suelen incluir instrumentos como el clarinete, el violín, el acordeón, la trompeta y el címbalo (un tipo de dulcémele martillado).

- **Ornamentación:** Los músicos utilizan técnicas de ornamentación como trinos, glissandos y vibratos para añadir expresividad y virtuosismo a sus interpretaciones.

- **Escalas modales:** Las melodías klezmer emplean a menudo escalas modales, que dan a la música su distintivo sabor de Europa del Este.

- **Improvisación:** La improvisación es un sello distintivo de la música klezmer, que permite a los músicos añadir su toque personal y creatividad a las melodías tradicionales.

Importancia cultural y festiva

- **Bodas:** Las bandas de música klezmer desempeñan un papel central en las bodas judías, infundiendo vitalidad y alegría a las festividades. El tradicional baile de la "hora", a menudo acompañado de música klezmer, pone el broche de oro a la celebración.

- **Simchas:** Estas alegres ocasiones, incluidos bar/bat mitzvá y circuncisiones, se realzan con las animadas melodías de la música klezmer.

- **Festivales:** El klezmer es parte integrante de las fiestas judías, especialmente Janucá y Purim. Sus animadas melodías acompañan las celebraciones comunales.

- **Teatro yidis:** La música klezmer también ha desempeñado un papel en el teatro yidis, como telón de fondo musical de obras y representaciones.

La música klezmer celebra la vida judía y sirve de puente entre generaciones. Conecta a los judíos contemporáneos con su herencia asquenazí. Sus melodías son un testimonio de la resistencia, la alegría y la riqueza cultural de las comunidades judías asquenazíes. Transmiten el espíritu de una cultura vibrante a través del tiempo y del espacio.

Zemirot: Melodías armoniosas de shabat

Los zemirot, las encantadoras canciones del sabbat judío, enriquecen la experiencia del shabat con alegría, reflexión y unidad comunitaria. Estas canciones, cantadas durante las comidas del viernes por la noche y del sábado por la tarde, infunden al sabbat un sentido de celebración y espiritualidad.

Melodías y elementos musicales

Los zemirot abarcan una amplia gama de melodías y letras poéticas, que reflejan la belleza y la tranquilidad del día de shabat. Los zemirot abarca una amplia gama de melodías y letras poéticas, que reflejan la belleza y la tranquilidad del día de shabat.

- **Melodías tradicionales:** Las melodías del zemirot suelen inspirarse en melodías tradicionales judías, transmitidas de generación en generación y arraigadas en diversas comunidades judías de todo el mundo.

- **Armonía y canto coral:** Los zemirot suelen cantarse armoniosamente, con los miembros de la familia y los invitados uniéndose al canto comunitario. Las voces armoniosas crean una atmósfera de unidad y unión.

- **Temas del sabbat:** Las letras del zemirot se centran en los temas del descanso, la gratitud y la conexión espiritual, capturando la esencia de la experiencia del shabat.

- **Variedad:** Hay una gran variedad de zemirot, algunos diseñados explícitamente para el viernes por la noche y otros para el sábado por la tarde, lo que añade profundidad y riqueza a la celebración del sabbat.

Importancia cultural y espiritual

- **Conexión espiritual:** Estas canciones ayudan a los fieles a conectar a un nivel más profundo con el significado espiritual del shabat, creando una sensación de santidad y tranquilidad.

- **Lazos familiares y comunitarios:** Los zemirot suelen contar con la participación de todos los presentes, lo que fomenta un fuerte sentimiento de unión familiar y comunitaria.

- **Patrimonio cultural:** Estas melodías son portadoras del patrimonio cultural de las comunidades judías de todo el mundo, preservando sus tradiciones musicales únicas.

- **Expresar gratitud:** Muchos zemirot expresan gratitud por las bendiciones del shabat y la oportunidad de descansar y reflexionar.

Los zemirot engloban la esencia del sabbat, un día de descanso, reflexión y renovación. Estas armoniosas melodías evocan un sentimiento de alegría y espiritualidad, realzando la experiencia del shabat y creando recuerdos entrañables para familias y comunidades de todo el mundo.

Nigunim: El latido místico de la música judía

Los nigunim, las melodías conmovedoras y sin palabras de la tradición judía, son un fenómeno musical encantador que trasciende el lenguaje y habla directamente al corazón y al alma. Estas melodías están profundamente arraigadas en la espiritualidad judía y ofrecen una profunda conexión con lo divino.

Melodías y elementos musicales

Los nigunim se caracterizan por su sencillez y profundidad emocional, y a menudo presenta motivos repetitivos que crean una sensación de meditación y trance.

- **Ausencia de letra:** Los nigunim suelen carecer de letra y se basa únicamente en el poder de la melodía para transmitir emoción y espiritualidad.
- **Repetición:** Muchos nigunim se basan en frases repetitivas, lo que permite una inmersión profunda en la música y una oportunidad para la contemplación.
- **Improvisación:** Los nigunim ofrecen espacio para la improvisación, lo que permite a los músicos y a los congregantes infundir sus experiencias espirituales en la melodía.
- **Armonía:** Cuando se canta en grupo, los nigunim armonizan las voces, creando una atmósfera comunitaria y que resuena espiritualmente.

Importancia cultural y espiritual

- **Oración y meditación:** Las melodías se utilizan a menudo durante la oración y la meditación para elevar la experiencia espiritual del fiel, fomentando una sensación de cercanía a la divinidad.
- **Lazos comunitarios:** Los nigunim suelen cantarse en grupo, lo que refuerza la comunidad y la unidad entre los participantes.
- **Alegría y celebración:** Los nigunim pueden ser festivos e infundir alegría y exuberancia a las festividades judías, como bodas, circuncisiones y otros acontecimientos vitales.
- **Expresión personal:** Para los individuos, los nigunim proporcionan un medio de expresión personal y un conducto

para conectar con su espiritualidad interior.

Los nigunim son un testimonio del poder de la música para transmitir emociones, expresar espiritualidad y conectar a las personas a un nivel profundo. Son una tradición que inspira y eleva a las comunidades judías de todo el mundo, sirviendo como lenguaje universal del corazón y del alma.

Música judía yemení: Una tradición intemporal

La música judía yemení es una tradición musical única y antigua que refleja el rico patrimonio cultural de los judíos yemeníes, una de las comunidades judías más antiguas del mundo. Esta música es portadora de la historia, la espiritualidad y la resistencia de un pueblo que ha mantenido su identidad propia durante milenios.

Melodías y elementos musicales

La música judía yemení se caracteriza por sus peculiares melodías, patrones rítmicos e influencias culturales:

- **Melodías tradicionales yemeníes**: Las melodías se inspiran en las escalas y modos musicales propios de la cultura yemení, creando un sonido distinto del de otras tradiciones musicales judías.

- **Armonías vocales:** Las canciones yemeníes a menudo presentan intrincadas armonías vocales, con cantantes que utilizan una compleja interacción para crear un sonido de múltiples capas y fascinante.

- **Instrumentos**: Los instrumentos tradicionales yemeníes, como el qanbus (un instrumento de cuerda), los tambores y los instrumentos de percusión manual, contribuyen a la textura única de la música.

- **Integración litúrgica y cultural**: La música judía yemení combina a la perfección elementos religiosos y culturales, a menudo con letras en hebreo que transmiten temas espirituales y cotidianos.

Importancia cultural y espiritual

- **Rituales religiosos:** Estas melodías realzan los rituales religiosos, añadiendo un profundo sentido de espiritualidad a los servicios de la sinagoga, los acontecimientos del ciclo vital y las fiestas.

- **Identidad cultural:** La música judía yemení es un poderoso símbolo de identidad cultural, que preserva las tradiciones, la lengua y el patrimonio musical único de los judíos yemeníes.

- **Expresión de la fe:** La música permite a individuos y comunidades expresar su fe, alegría y conexión con Dios.
- **Interacción de tradiciones:** La música judía yemení mezcla las tradiciones culturales judías y yemeníes, creando un tapiz sonoro que resuena con la herencia y la fe.

La música judía yemení es un testimonio de la fuerza perdurable de las comunidades judías yemeníes, que han preservado sus tradiciones y su espiritualidad a lo largo de los siglos. Es una tradición vibrante y apreciada que sigue enriqueciendo la cultura y la espiritualidad judías, trascendiendo el tiempo y el lugar con sus melodías evocadoras y su significado cultural.

Piyyutim sefardíes: Poesía del alma

Los piyyutim sefardíes son expresiones poéticas de la espiritualidad judía sefardí, que encapsulan la profunda conexión entre las palabras, la música y la devoción. Estas composiciones poéticas, a menudo cantadas en hebreo y ladino, han sido parte integrante de la cultura judía sefardí durante siglos.

Poesía y elementos musicales

Los piyyutim sefardíes se caracterizan por su profundidad poética y su riqueza melódica, y se nutren de una vasta reserva de tradiciones literarias judías, árabes y andalusíes.

- **Diversidad lingüística:** Los piyyutim se encuentran en varios idiomas, como el hebreo, el ladino y el árabe, lo que refleja la diversa herencia de las comunidades sefardíes.
- **Temas místicos:** Muchos piyyutim exploran temas místicos, basándose en influencias cabalísticas y sufíes para crear una sensación de trascendencia espiritual.
- **Instrumentos:** Aunque algunos piyyutim se interpretan a capela, otros pueden incorporar instrumentos tradicionales como el oud o el violín, que realzan la riqueza cultural de la música.
- **Armonía y canto coral:** Al igual que los zemirot, los piyyutim suelen cantarse armoniosamente, lo que fomenta la unidad comunitaria y la elevación espiritual.

Importancia religiosa y cultural

- **Liturgia:** Estas composiciones poéticas se integran a menudo en los servicios religiosos, añadiendo profundidad y emoción a las oraciones y rituales.

- **Patrimonio cultural:** Los piyyutim preservan el patrimonio lingüístico y cultural de las comunidades judías sefardíes, reflejando sus tradiciones e historia únicas.

- **Viaje espiritual:** Para los congregantes, cantar los piyyutim es un viaje espiritual que les permite conectar a un nivel más profundo con la divinidad.

- **Lazos comunitarios:** Los piyyutim reúnen a las comunidades en canciones y celebraciones, fomentando un sentimiento de unión.

Los piyyutim sefardíes tienden un puente entre lo terrenal y lo divino a través del poder de las palabras y la melodía, ofreciendo una mirada a la rica cultura del judaísmo sefardí, donde lengua y música se unen para crear una profunda experiencia espiritual.

Nigunim jasídicos: Canciones del alma

Los nigunim jasídicos es la melodía trascendente de la tradición judía jasídica. Es la encarnación de la alegría y la conexión espirituales. Estas melodías sin palabras elevan el alma, inspirando una profunda devoción y unidad entre las comunidades jasídicas.

Melodías y elementos musicales

Los nigunim jasídicos se caracterizan por su sencillez, sus motivos repetitivos y su profundidad emocional.

- **Repetición conmovedora:** Los nigunim suelen consistir en frases cortas o motivos repetidos rítmicamente. Esta repetición permite una inmersión profunda en la música y crea una experiencia meditativa y extática.

- **Canto coral armonioso:** Los nigunim jasídicos suelen cantarse en grupo, con los fieles uniéndose armoniosamente. Las voces colectivas crean una atmósfera poderosa y espiritualmente resonante.

- **Instrumentación:** Aunque los nigunim son principalmente vocales, los instrumentos casídicos tradicionales, como el violín o el acordeón, pueden acompañar al canto, enriqueciendo el paisaje sonoro.

- **Expresión emocional:** Estas melodías transmiten emociones, desde la alegría exuberante hasta el anhelo más sincero, permitiendo a los fieles conectar con sus sentimientos más íntimos.

Importancia espiritual y colectiva

- **Oración y meditación:** Estas melodías realzan la experiencia espiritual de la oración, facilitando una profunda conexión con lo divino.

- **Alegría y celebración:** Los nigunim se utilizan a menudo en las celebraciones, especialmente durante las bodas jasídicas y las reuniones festivas, infundiendo alegría y devoción a las ocasiones.

- **Vínculo comunitario:** Cantar los nigunim en comunidad fomenta un sentimiento de unidad que trasciende las fronteras individuales y conecta a los fieles a nivel espiritual.

- **Elevación espiritual:** La cualidad repetitiva y meditativa de los nigunim tiene el poder de elevar el alma, llevando a los fieles a un estado elevado de conciencia espiritual.

Las melodías de los nigunim jasídicos inspiran y elevan a las comunidades judías jasídicas de todo el mundo, fomentando una profunda conexión, devoción y unidad entre sus miembros.

Cantos litúrgicos: La armonía sagrada del culto judío

Los cantos litúrgicos, piedra angular del culto judío, llevan en sus melodías el peso de la tradición y la devoción. Estas expresiones musicales han acompañado la oración judía durante siglos. Proporcionan un telón de fondo espiritual y meditativo al culto comunitario y personal.

Melodías y elementos musicales

Los cantos litúrgicos abarcan una amplia gama de melodías, cada una con sus características únicas, pero comparten algunos elementos comunes:

- **Textos en hebreo:** Los cantos litúrgicos suelen cantarse en hebreo, la lengua sagrada de la oración judía.

- **Marcas de cantilación:** Estas notaciones musicales, representadas por símbolos específicos en el texto hebreo, guían el canto de las escrituras y las oraciones en los servicios de la sinagoga.

- **Modalidad:** Los cantos suelen seguir escalas modales tradicionales, lo que confiere a la música un carácter intemporal y reverente.

- **Canto solista y congregacional:** Algunos cantos litúrgicos son interpretados en solitario por un cantor, mientras que otros invitan a la participación de la congregación, fomentando la oración comunitaria.

Importancia espiritual y colectiva

- **Mejorar la oración:** Cantar las escrituras y las oraciones añade profundidad y emoción a la experiencia del culto, permitiendo a los congregantes conectar a un nivel profundo con los textos sagrados.

- **Meditación y contemplación:** La naturaleza repetitiva de los cantos litúrgicos promueve la meditación y la contemplación, facilitando un viaje espiritual durante la oración.

- **Mantener la tradición:** Estos cantos preservan las tradiciones intemporales del culto judío, conectando a los judíos contemporáneos con su herencia histórica y espiritual.

- **Vínculo comunitario:** Los cantos litúrgicos de la congregación fomentan un sentimiento de unidad y pertenencia a la comunidad sinagogal.

Los cantos litúrgicos son algo más que música. Son un canal a través del cual los fieles judíos acceden a su espiritualidad, conectan con la divinidad y mantienen una conexión con sus raíces religiosas y culturales. Ya se escuchen en una pequeña sinagoga o en un gran templo, estos cantos siguen desempeñando un papel vital en la vida espiritual de las comunidades judías de todo el mundo.

La música es una poderosa herramienta de conexión espiritual y unión comunitaria. Desde las conmovedoras melodías de los piyyutim y los nigunim jasídicos hasta los cantos intemporales de la liturgia judía, la música ha sido parte integrante del culto judío durante siglos. Realza la oración, fomenta la unidad y ayuda a perpetuar las tradiciones de nuestra fe. La música une a la gente, inspira devoción y crea un puente entre lo divino y lo terrenal. Ya se trate de un canto antiguo o de una nueva expresión musical, la música seguirá siendo una parte crucial de la vida judía durante generaciones.

Capítulo 7: Hogar y tradición familiar

El judaísmo valora la familia y el hogar como elementos esenciales de su fe. Los hogares judíos se consideran espacios sagrados, donde se celebran rituales como el Séder de Pascua y el encendido de la menorá de Janucá. Los padres tienen la responsabilidad de transmitir la fe, los valores y las tradiciones. El hogar también sirve como lugar de oración y reflexión. En el judaísmo, la familia y el hogar son una parte importante para mantener viva la fe y la cultura de una generación a otra.

El papel central del hogar y la familia en la cultura y la vida religiosa judías

En la cultura y la vida religiosa judías, el hogar y la familia ocupan un lugar central y preciado, conformando la esencia de la identidad y la práctica judías. Esta profunda conexión entre el hogar y la fe está profundamente arraigada en las tradiciones y los valores del judaísmo.

El hogar como santuario

Los hogares judíos se consideran espacios sagrados, reflejo del concepto del mikdash me'at, un santuario en miniatura. Esta santidad es evidente en la observancia de rituales como el Séder de Pascua, en el que las familias se reúnen para contar la historia del Éxodo. Del mismo modo, el encendido de la menorá de Janucá simboliza el milagro del aceite. Estos rituales no se limitan a la sinagoga, sino que forman parte integrante del hogar judío.

La familia como base

La familia es una piedra angular de la vida religiosa en el judaísmo
https://www.pexels.com/photo/blond-baby-with-his-parents-4452209/

En el judaísmo, la unidad familiar es la piedra angular de la vida religiosa. Los padres desempeñan un papel fundamental en la transmisión de la fe, los valores y las tradiciones a sus hijos. En el seno familiar, las jóvenes generaciones aprenden los principios éticos y las costumbres que definen el judaísmo. El hogar se convierte en un aula donde se nutre la identidad judía.

Un espacio para la reflexión espiritual

Más allá de los rituales, el hogar es un lugar de oración e introspección. Las oraciones diarias, la meditación y la observancia del shabat, el día de descanso semanal, suelen tener lugar en el entorno familiar. Se crea así una conexión sin fisuras entre la fe y la vida cotidiana.

Acoger al forastero

El judaísmo hace mucho hincapié en la hospitalidad y la acogida de invitados, lo que se conoce como hajnasat orjim. Esta práctica refuerza la idea de que el hogar no es solo para la familia, sino un lugar de acercamiento y conexión con la comunidad en general. Acoger a extraños se considera un deber sagrado, que encarna los valores de la amabilidad y la inclusión.

Una fuente de continuidad

El vínculo familia-hogar es una fuente de continuidad en la cultura y la vida religiosa judías. Garantiza la vitalidad de la fe y la conservación de las tradiciones a través de las generaciones. Esta continuidad es vital para la supervivencia y el florecimiento de la identidad judía en un mundo que cambia rápidamente.

El hogar y la familia en el judaísmo no son solo espacios físicos y relaciones. Son anclas espirituales que infunden sentido y propósito a la vida cotidiana. Proporcionan un entorno propicio en el que se mantienen y celebran las tradiciones judías, creando un legado que perdura de generación en generación.

Cena de shabat: un tapiz de unidad judía

La cena del shabat, una entrañable tradición judía, teje calidez y continuidad a través de las generaciones. Arraigado en el mandamiento bíblico de observar el sabbat, este ritual tiene un profundo significado espiritual y cultural. Reúne a familias y comunidades en una experiencia sagrada y reconfortante.

Orígenes e importancia

Los orígenes de la cena del shabat se remontan al Libro del Génesis, donde Dios santificó el séptimo día como día de descanso. Encender las velas del shabat y compartir una comida festiva es una forma de conmemorar este descanso divino.

Observancia hoy

La cena de shabat es una mezcla de tradición y toques personales:

- **Encendido de las velas:** La mujer de la casa suele encender las velas de shabat, dando paso a la paz del sabbat.
- **Kidush:** Sobre una copa de vino, la oración del Kidush santifica el sabbat.
- **Jalá:** Un pan jalá trenzado y horneado con amor simboliza la abundancia y la unidad.
- **Festín:** Las cenas de shabat son festivas, a menudo con platos tradicionales transmitidos de generación en generación.

La cena del shabat, en sus diversas formas en las comunidades judías de todo el mundo, encierra la esencia de la vida judía. Es un momento en el que el tiempo se detiene y el calor de la familia y la fe abraza a todos los que se reúnen alrededor de la mesa, creando recuerdos duraderos.

Prácticas de cocina kosher: Unir fe y alimentación

Las prácticas de la cocina kosher se encuentran en la intersección de la fe y la alimentación. Reflejan el vínculo entre las leyes dietéticas judías y el bienestar espiritual. Arraigadas en los antiguos mandamientos bíblicos, estas prácticas son un testimonio del compromiso duradero de las comunidades judías de todo el mundo con la defensa del estilo de vida kosher.

Orígenes e importancia

Las prácticas de cocina kosher están firmemente ancladas en las leyes alimentarias de la Torá, que describen lo que está permitido (kosher) y lo que no (no kosher). Estas leyes sirven a varios propósitos vitales:

- **Conexión espiritual:** La adhesión a las leyes dietéticas kosher fomenta una conexión espiritual entre las personas y su fe al obedecer los mandamientos de Dios.

- **Identidad cultural:** Las prácticas kosher son emblemáticas de la identidad judía y preservan un patrimonio cultural y religioso distinto.

- **Salud holística:** Las leyes kosher dan prioridad al bienestar físico y espiritual. Garantizan que los alimentos se preparen de forma limpia y sana, promoviendo la salud y la santidad.

Observancia hoy

- **Animales kosher:** Solo se consideran kosher determinados animales, como los que tienen pezuñas abiertas y rumian. Las técnicas de sacrificio adecuadas mantienen el estatus kosher de la carne.

- **Separación de carne y lácteos:** Un principio fundamental es que la carne y los productos lácteos nunca se mezclan. Se utilizan utensilios y baterías de cocina distintos para cada categoría, respetando un periodo de espera entre el consumo de carne y el de lácteos.

- **Certificación kosher:** Muchos alimentos envasados llevan un símbolo de certificación kosher (hechsher), que significa que cumplen las normas kosher.

- **Bendiciones y oraciones:** Las bendiciones antes y después de las comidas reconocen el papel de Dios en la provisión del sustento, afirmando la tradición de dar gracias al Creador.

David Levy dice: *"En nuestra cocina kosher, recuerdo vívidamente a mi abuela, bubbe Esther, enseñándome a separar los lácteos de la carne, asegurándose de que nuestras comidas no solo fueran deliciosas, sino que también estuvieran impregnadas de tradición".*

Las prácticas de la cocina kosher, aunque profundamente tradicionales, siguen evolucionando con la modernidad. Garantizan que las opciones dietéticas nutran tanto el cuerpo como el alma. Ayudan a establecer una profunda conexión con Dios, la cultura y la comunidad judía global.

Construir una sucá durante Sucot: Abrazar el refugio divino

La construcción de una sucá es una tradición alegre y profundamente simbólica que se observa durante la festividad judía de Sucot. Es una expresión tangible de la fe, la unidad y la gratitud judías, arraigada en antiguas prácticas agrícolas y mandamientos bíblicos.

Orígenes e importancia

La práctica de construir sucás, refugios temporales al aire libre, tiene sus raíces en las fiestas agrícolas del antiguo Israel. Sucot es una fiesta de la cosecha, y durante los tiempos bíblicos, la gente vivía en sucas mientras recogían sus cosechas. Simbolizaban su dependencia de la generosidad de Dios.

- **Refugio divino:** Construir y habitar en una sucá es una forma de reconocer la protección y la provisión de Dios, muy parecida al refugio divino proporcionado durante el peregrinaje de los israelitas por el desierto.

- **Unidad y hospitalidad:** La sucá es un lugar de encuentro donde la familia y los amigos se reúnen para compartir comidas y celebrar. Promueve la unidad y la hospitalidad, acogiendo a huéspedes de todas las clases sociales.

- **Transitoriedad**: Su naturaleza impermanente nos recuerda la fugacidad de la vida y la necesidad de apreciar el momento presente.

Observancia hoy

La construcción de la sucá es un asunto práctico y comunitario.

- **Construcción**: Las familias y comunidades construyen sucás en sus patios o espacios comunes. Estas estructuras temporales se construyen con armazones de madera o metal cubiertos de ramas o paja.

- **Decoración**: Las sucás se adornan con frutas, verduras y obras de arte, creando un ambiente vibrante y festivo.

- **Morada y comidas:** Los judíos observantes comen en la sucá durante toda la semana de Sucot, y algunos incluso duermen en ella, en conexión con tradiciones pasadas.

- **Agitar el lulav y el etrog:** Durante Sucot, los fieles también cumplen la mitzvá (mandamiento) de agitar el lulav (rama de palma) y el etrog (cidra), símbolos de la cosecha.

La construcción de una sucá durante Sucot es una forma tangible de que las personas y las comunidades judías conecten con su herencia. Es una forma divina de expresar gratitud por las bendiciones de la vida y abrazar el valor de la hospitalidad. Esta tradición prospera, proporcionando un espacio para la reflexión y la unión comunitaria.

Shemá antes de dormir: Un ritual nocturno de reflexión y protección

El Shemá antes de dormir es una apreciada tradición judía que cierra cada día con un momento de reflexión, gratitud y protección. Este ritual nocturno, impregnado de fe y espiritualidad, ofrece una sensación de seguridad y conexión con Dios antes de dormir.

Orígenes e importancia

El Shemá antes de dormir tiene sus raíces en el Shemá, una de las oraciones judías fundamentales de la Torá. El Shemá proclama la unicidad de Dios y el mandamiento de amarle y servirle con todo el corazón, el alma y las fuerzas. Su recitación nocturna extiende esta declaración al reino de los sueños y el sueño. El significado del Shemá antes de dormir radica en lo siguiente:

- **Reconocimiento fiel:** Reafirma la fe en Dios y la aceptación de su soberanía, incluso al final del día.

- **Protección:** Se cree que la oración proporciona protección espiritual durante el vulnerable estado de sueño, invocando la presencia de Dios para salvaguardar el alma.

- **Reflexión y gratitud:** El Shemá antes de dormir anima a reflexionar sobre las acciones de cada uno a lo largo del día y a expresar gratitud por las bendiciones de la vida.

Eliana Cohen dice: *"Todas las noches abrazo a mi hijo y le susurro suavemente el Shemá. En ese momento sagrado, sintiendo su calor, me conecto con generaciones pasadas mientras se duermen".*

Observancia hoy

- **Recitación:** Los individuos recitan el Shemá y una serie de bendiciones antes de dormir. El Shemá suele susurrarse o recitarse en voz baja, lo que subraya la naturaleza silenciosa y contemplativa del ritual.

- **Cubrirse los ojos:** Algunas personas se cubren los ojos con las manos mientras recitan el Shemá, simbolizando su concentración en el mundo espiritual interior.

- **Oraciones personales:** Tras la recitación, muchas personas ofrecen oraciones personales, expresando a Dios sus pensamientos, preocupaciones y esperanzas.

El Shemá antes de dormir es un puente entre el mundo de la vigilia y el reino de los sueños. Permite a los judíos dormir con paz, protección y una profunda conexión con su fe. Es una tradición que ha perdurado a través de generaciones, ofreciendo consuelo y alimento espiritual en los tranquilos momentos previos al sueño.

Encendido de velas de Janucá: Encender las llamas de los milagros

El encendido de las velas de Janucá conmemora los acontecimientos milagrosos de Janucá
https://www.pexels.com/photo/person-lighting-menorah-3730975/

El encendido de las velas de Janucá, también conocido como el encendido de la menorá, es una querida tradición judía que conmemora los milagrosos acontecimientos de Janucá. Enraizado en una victoria histórica y en un milagro que tuvo lugar hace más de dos milenios, este ritual simboliza la esperanza, la resistencia y la luz perdurable de la fe.

Orígenes e importancia

Janucá conmemora la rededicación del Segundo Templo de Jerusalén tras su profanación por el Imperio seléucida. El milagro central de Janucá tiene que ver con un pequeño frasco de aceite que debería haber durado solo un día, pero que milagrosamente ardió durante ocho días. El significado del encendido de las velas de Janucá es múltiple:

- **Milagro y redención**: Las velas simbolizan el milagro del aceite y el triunfo del pueblo judío sobre la opresión, destacando la resistencia y la fe que lo sostuvieron.

  Publicitar el milagro: A los judíos se les ordena "publicitar el milagro" exhibiendo la menorá en una ventana u otro lugar público, difundiendo el mensaje de esperanza y fe a todos.

- **Familia y tradición**: Janucá es un tiempo para que las familias se unan, enciendan las velas e intercambien regalos. Fomenta un sentimiento de unidad y continuidad.

Observancia hoy

- **La menorá:** Se utiliza un candelabro de nueve brazos llamado menorá. Ocho velas representan los ocho días en que ardió el aceite, mientras que la novena, el shamash (ayudante), se utiliza para encender las demás.

- **Encendido progresivo:** Se enciende una vela la primera noche, dos la segunda, y así sucesivamente hasta que las ocho velas estén encendidas al final de Janucá.

- **Bendiciones**: Se recitan bendiciones especiales antes y después de encender las velas, alabando a Dios por los milagros de Janucá.

- **Cantos y celebraciones:** Las familias suelen cantar canciones de Janucá, intercambiar regalos y disfrutar de comidas festivas como latkes (tortitas de patata) y sufganiyot (rosquillas rellenas de gelatina).

El encendido de las velas de Janucá recuerda a los judíos de todas las edades que los milagros pueden ocurrir, incluso en tiempos de oscuridad, y que la fe puede superar la adversidad. Es una tradición que sigue inspirando la creencia transmitida de generación en generación.

Séder de Pésaj (Pascua judía): Un viaje de la esclavitud a la libertad

El Séder de Pésaj (Pascua judía) es una tradición judía que resume la esencia de la fiesta de Pascua. Es una comida ceremonial meticulosamente estructurada que guía a los participantes a través de la historia del Éxodo, desde la esclavitud hasta la liberación. Fomenta el sentido de la historia, la fe y la identidad.

Orígenes e importancia

El Séder de Pascua tiene sus raíces en el relato bíblico de la esclavitud de los israelitas en Egipto y su milagrosa liberación. Cumple varios propósitos vitales:

- **Conmemoración histórica:** El Séder garantiza la preservación de la memoria del Éxodo, permitiendo que cada generación se sienta como si hubiera vivido el viaje de la esclavitud a la libertad.

- **Herramienta educativa:** A través de rituales, lecturas y alimentos simbólicos, el Séder es una herramienta educativa. Enseña a jóvenes y mayores el significado de la libertad y la fe.

- **Renovación del pacto:** El Séder refuerza la alianza entre Dios y el pueblo judío. Destaca su "elección" y la protección divina que condujo a la liberación.

Observancia hoy

- **La Hagadá:** Una guía llamada Hagadá contiene el orden del Séder, con la historia del Éxodo, canciones, bendiciones y explicaciones.

- **El plato del Séder:** Un plato especial contiene alimentos simbólicos como matzá (pan ácimo), maror (hierbas amargas) y hueso de pierna de cordero. Cada uno de ellos representa diferentes aspectos de la historia del Éxodo.

- **Cuatro copas de vino:** A lo largo del Séder se consumen cuatro copas de vino, cada una de las cuales simboliza una promesa de Dios.

- **Matzá:** El pan ácimo, o matzá, representa la prisa con la que los israelitas salieron de Egipto, ya que no había tiempo para que el pan creciera.

- **Afikomán:** Se esconde un trozo de matzá y los niños lo encuentran más tarde, lo que fomenta su participación activa.

- **Debate y canciones:** El Séder incluye preguntas, debates y canciones que involucran a los participantes en la narración de la historia del Éxodo.

El Séder de Pésaj es una experiencia rica y envolvente que une a las familias y comunidades judías. Reafirma los valores de libertad, fe y recuerdo. También garantiza que la historia del Éxodo siga siendo una parte viva y palpitante de la identidad judía, transmitida de generación en generación.

Séder de Tu Bishvat: Celebración de la renovación de la naturaleza y el espíritu

El Séder de Tu Bishvat es una tradición judía única y espiritualmente enriquecedora. Honra el medio ambiente, el cambio de las estaciones y la conexión entre la humanidad y el mundo natural. Arraigada en antiguas prácticas agrícolas y recuperada por los cabalistas en el siglo XVI, esta celebración marca el "Año nuevo de los árboles".

Orígenes e importancia

Tu Bishvat, que tiene lugar el día 15 del mes hebreo de shevat, tiene origen bíblico como señal para diezmar los frutos cultivados en la Tierra de Israel. Con el tiempo, se convirtió en una celebración de la renovación de la naturaleza.

- **Conciencia medioambiental:** El Tu Bishvat fomenta la conciencia y la administración ecológicas. Destaca el profundo respeto del judaísmo por el medio ambiente.
- **Conexión espiritual:** El Séder ofrece una oportunidad única para la reflexión espiritual, utilizando frutas, árboles y su simbolismo para conectar con Dios y el mundo.
- **Influencia cabalística:** Los cabalistas de Tzfat (Israel) desarrollaron el Séder de Tu Bishvat, utilizando elementos místicos para realzar la experiencia.

Observancia hoy

- **Cuatro copas de vino o zumo:** Al igual que en el Séder de Pascua, se consumen cuatro copas, cada una de las cuales representa un crecimiento y una conexión espirituales diferentes.
- **Frutas y frutos secos:** Diversas frutas y frutos secos, tanto de la Tierra de Israel como de todo el mundo, se comen en un orden específico, simbolizando diferentes niveles de ascenso espiritual.

- **Bendiciones y lecturas:** Se recitan bendiciones especiales para distintos tipos de frutas, y lecturas de la Biblia y otras fuentes exploran la conexión entre naturaleza y espiritualidad.

- **Canciones y debate:** Los participantes participan en canciones, debates y actividades relacionadas con el medio ambiente, el crecimiento personal y la vida ética.

El Séder de Tu Bishvat nos recuerda la naturaleza cíclica del mundo y nuestro papel en su conservación. Fomenta un profundo aprecio por el medio ambiente, la espiritualidad y la interconexión de todos los seres vivos. En un mundo en el que la conciencia medioambiental es cada vez más crítica, esta tradición es un testimonio del compromiso perdurable del judaísmo con la fe y la Tierra.

Rosh Hashaná Jalá: Dar la bienvenida al Año Nuevo con dulzura

Hornear jalá en Rosh Hashaná es una conmovedora tradición judía que combina el aroma del pan recién horneado con la dulzura del Año Nuevo. Esta significativa práctica llena los hogares con el aroma del amor y la tradición y simboliza la esperanza, la unidad y la promesa de un dulce año venidero.

El horneado de jalá en Rosh Hashaná combina el aroma del pan recién horneado con el Año Nuevo

https://www.pexels.com/photo/close-up-photography-of-bread-1002322/

Orígenes e importancia

Rosh Hashaná, el Año Nuevo judío, es una época de reflexión, introspección y renovación. Es costumbre disfrutar de alimentos dulces, como manzanas bañadas en miel, para recibir un año lleno de bendiciones. El jalá, el pan trenzado que se come tradicionalmente en shabat y en las fiestas, adquiere un significado especial durante el horneado del Rosh Hashaná jalá:

- **Dulzor**: El jalá se endulza con miel o pasas para simbolizar la esperanza de un año dulce y alegre.

- **Forma circular:** Algunos panes jalá tienen forma circular, símbolo del ciclo del año y del deseo de un año lleno de bendiciones sin fin.

- **Trenzado:** El trenzado del jalá representa la unidad y la unión dentro de la comunidad y la familia.

Observancia hoy

- **Preparación:** Las familias se reúnen para preparar la masa del jalá, a la que a menudo se añade miel o pasas para endulzarla.

- **Forma:** Se da forma al jalá, y algunos optan por un diseño circular. Este proceso creativo permite la expresión personal y el arte.

- **Bendiciones**: Se recitan bendiciones especiales durante la preparación y la cocción, invocando las bendiciones de Dios para el año venidero.

- **Compartir:** El jalá recién horneado se comparte con la familia y los amigos durante la comida de Rosh Hashaná.

- **Oraciones y reflexiones:** Durante la comida, se recitan oraciones y las familias reflexionan sobre el año transcurrido y expresan sus esperanzas para el año venidero.

Leah Cohen nos cuenta: *"Mis manos dan forma al jalá, añadiéndole miel para endulzarla. Con cada trenza, me siento conectada a innumerables generaciones que hornearon este pan simbólico, un vínculo tangible con nuestra herencia".*

Hornear jalá en Rosh Hashaná es una experiencia sensorial y espiritual que une a familias y comunidades. Representa el deseo de un año lleno de bendiciones, amor, crecimiento y gratitud.

Desayuno de Yom Kipur: Alimentar el alma tras un día de expiación

El desayuno de Yom Kipur es una tradición judía que sigue al solemne día de ayuno y arrepentimiento. Es un momento de alimento físico y espiritual en el que las familias y las comunidades se unen para romper el ayuno y estrechar los lazos del amor y el perdón.

Orígenes e importancia

Yom Kipur, el Día de la Expiación, es el día más sagrado del calendario judío, marcado por el ayuno y la oración intensa. El desayuno de Yom Kipur tiene varios significados importantes:

- **Completar el día:** Tras un día de autorreflexión, oración y ayuno, la comida simboliza el final del Yom Kipur y la vuelta a la vida cotidiana.

- **Renovación y reconciliación:** Compartir una comida resalta los temas del perdón, la reconciliación y la renovación, centrales en Yom Kipur.

- **Comunidad y unión:** Romper el ayuno con la familia y los amigos refuerza el sentido de comunidad y unidad del pueblo judío.

Michael Goldstein dice: *"El primer bocado después de un día de ayuno sabe a un nuevo comienzo. Compartiendo esta comida con mi familia, buscamos el perdón y prometemos ser mejores en el año que comienza".*

Observancia hoy

El desayuno de Yom Kipur es una tradición conmovedora y significativa:

- **Alimentos ligeros y nutritivos:** La comida suele comenzar con alimentos ligeros y fáciles de digerir, como jalá, huevos y productos lácteos.

- **Alimentos simbólicos:** Muchos incorporan a la comida alimentos redondos o dulces, como la miel o el pan, para simbolizar el ciclo de la vida y la esperanza de un año dulce por delante.

- **Bendiciones y oraciones:** Se recitan bendiciones especiales sobre la comida, expresando gratitud por el sustento y pidiendo bendiciones para el año venidero.

- **Familia y comunidad:** Las familias suelen reunirse en casa, mientras que algunas comunidades organizan desayunos comunitarios que fomentan el sentimiento de unión.

- **Reflexión y compartir:** La comida brinda a los seres queridos la oportunidad de reflexionar sobre las oraciones del día, pedir perdón unos a otros y compartir sus esperanzas para el futuro.

El desayuno de Yom Kipur es más que una comida. Es un símbolo de alimento espiritual y emocional. Refuerza los valores del perdón, la unidad y el poder de un nuevo comienzo. Es un recordatorio de la profunda conexión entre tu ser físico y espiritual.

Disfraces y fiestas de Purim: Alegría y tradición

Los disfraces y las fiestas de Purim son un aspecto vibrante y festivo de la cultura judía, que se celebra durante la alegre festividad de Purim. Trajes coloridos, reuniones exuberantes y actos de caridad caracterizan esta tradición, capturando el espíritu del mensaje de Purim de triunfo sobre la adversidad, la unidad y la felicidad desenfrenada.

Orígenes e importancia

Purim conmemora los acontecimientos descritos en el Libro de Ester, donde la reina Ester y su primo Mardoqueo frustraron el plan del malvado Amán de aniquilar al pueblo judío en la antigua Persia. Los disfraces y fiestas de Purim tienen varios significados:

- **Identidades ocultas:** La historia de Purim contiene identidades ocultas y verdades escondidas. El uso de disfraces permite a los participantes imitar este tema.

- **Unidad y comunidad:** Las fiestas y reuniones promueven la unidad dentro de la comunidad judía, fomentando un sentimiento de pertenencia y camaradería.

- **Alegría y celebración:** Purim fomenta la alegría y la celebración sin tapujos, demostrando la resistencia del pueblo judío y su capacidad para encontrar la luz incluso en los momentos más oscuros.

Observancia hoy

- **Disfraces creativos:** Personas de todas las edades se disfrazan, y los niños suelen emular a sus personajes favoritos de Purim. La creatividad de los disfraces, desde figuras bíblicas hasta iconos de la cultura pop moderna, no tiene límites.

- **Actos de caridad:** En Purim, los judíos realizan actos de caridad (tzedaká) dando a los necesitados, asegurándose de que todos puedan unirse a las festividades.

- **Mishloaj manot:** Es costumbre intercambiar cestas de regalo de Purim llenas de dulces y golosinas con familiares y amigos.

- **Lectura de la Meguilá:** El Libro de Ester, conocido como la Meguilá, se lee en voz alta en las sinagogas y relata los milagrosos acontecimientos de Purim.

- **Fiesta y alegría:** Las fiestas de Purim suelen incluir banquetes, música, bailes y la narración de la historia de Purim.

Los disfraces y las fiestas de Purim encapsulan el valor fundamental de la festividad: el triunfo del bien sobre el mal. Estas celebraciones honran el pasado y permiten a individuos y comunidades reunirse en un jolgorio jubiloso. Fortalecen los lazos y encarnan la resistencia del espíritu judío.

Hogueras de Lag B'Omer: Iluminar la unidad y la resistencia judías

Las hogueras de Lag BaOmer son una cautivadora tradición judía que se celebra el 33º día del Omer, periodo de semiluto entre la Pascua judía y Shavuot. Esta tradición consiste en encender hogueras, crear un espectáculo luminoso y simbolizar la unidad judía, el crecimiento espiritual y la resistencia histórica.

Orígenes e importancia

- **Bar Yojai:** Lag BaOmer se asocia con la muerte de Rabí Shimon bar Yojai, venerado sabio y autor del Zohar, texto fundacional del misticismo judío (Cábala).

- **Cese de la plaga:** Según la tradición, en este día cesó una plaga que había afligido a los alumnos de Rabí Akiva, lo que significó un momento de alivio y de despertar espiritual.

- **La revelación de Bar Yojai:** Rabí Shimon bar Yojai reveló las enseñanzas internas de la Torá, haciendo hincapié en los aspectos místicos del judaísmo.

Observancia hoy

- **Hogueras:** Las comunidades se reúnen para encender hogueras, a menudo con llamas altísimas. Cada fuego representa la iluminación de la espiritualidad y la unidad judías.

- **Cantos y bailes:** La gente canta y baila alrededor de las hogueras, creando un ambiente alegre y animado.

- **Cortes de pelo:** Es costumbre que los niños reciban su primer corte de pelo en Lag BaOmer, conocido como "upsherin" en yidis, que simboliza el comienzo de su educación judía.

- **Tiro con arco y picnics:** Las actividades recreativas, como el tiro con arco y los picnics, se disfrutan en un espíritu de unión.

- **Reflexión espiritual:** Lag BaOmer es un momento de introspección y crecimiento personal, que la gente aprovecha para centrarse en la mejora espiritual.

Las hogueras de Lag BaOmer conmemoran acontecimientos históricos y ponen de relieve la resistencia del pueblo judío y la búsqueda permanente de la iluminación espiritual. Estas reuniones fomentan un sentimiento de unidad y comunidad. Animan a las personas a abrazar sus propios caminos espirituales y a celebrar su herencia común.

Las tradiciones hogareñas y familiares están profundamente arraigadas en la cultura judía y reflejan los valores espirituales de la fe, la unión y la resistencia. Ya sea reuniéndose en torno a una festiva mesa de desayuno en Yom Kipur o celebrando alegremente con disfraces y hogueras en Purim y Lag BaOmer, estas costumbres ofrecen la oportunidad de cultivar conexiones significativas con usted mismo, sus seres queridos y su comunidad.

Capítulo 8: Aprendizaje, sabiduría y academia

El aprendizaje judío es un tesoro de sabiduría que abarca miles de años. Los judíos sienten un profundo amor por el aprendizaje y creen que adquirir sabiduría es un viaje que dura toda la vida. En la tradición judía, se respeta mucho el estudio y se honra a los eruditos. Tienen lugares especiales para el aprendizaje llamados yeshivá y sinagogas, donde la gente se reúne para estudiar la Torá, el Talmud y otros textos sagrados. Estos textos contienen enseñanzas religiosas y lecciones sobre la vida, la ética y cómo ser una buena persona.

Hoy en día, el mundo académico judío va más allá de los textos religiosos. Los eruditos judíos, conocidos como rabinos, han compartido sus conocimientos sobre diversos temas, desde el derecho y la ética hasta la ciencia y la filosofía. Los judíos han contribuido significativamente a la medicina, las matemáticas, la literatura y las artes. Este amor por el aprendizaje les ha ayudado a prosperar y a influir positivamente en el mundo. En la cultura judía, la búsqueda del conocimiento es una forma de conectar con la divinidad y mejorar el mundo. Es un recordatorio de que el aprendizaje nunca se detiene, y la sabiduría es un tesoro que se hace más brillante con el tiempo.

El papel y la importancia del aprendizaje en el judaísmo

El aprendizaje siempre ha estado en el centro de la tradición judía, y su importancia se remonta a los orígenes mismos del judaísmo. Los textos sagrados, en particular la Torá, destacan el valor del conocimiento y ordenan a los judíos que estudien y busquen continuamente la sabiduría. Este compromiso con el aprendizaje ha sido un principio rector de la vida judía durante milenios.

La Torá: La fuente de la sabiduría

La Torá es el texto fundacional del judaísmo
https://www.pexels.com/photo/person-reading-a-book-4034445/

La Torá, el texto fundacional del judaísmo, es venerada como el manual de instrucciones divino para vivir una vida recta y con sentido. Contiene leyes y mandamientos entrelazados con narraciones, poesía y profundas enseñanzas éticas. El aprendizaje judío comienza con el estudio de la Torá, considerada una fuente de sabiduría y guía sin parangón.

El mandamiento de estudiar (Talmud Torá)

El judaísmo hace hincapié en el mandamiento del Talmud Torá, que obliga a los judíos a estudiar y enseñar la Torá. Este mandamiento se deriva de pasajes de la Torá, como Deuteronomio 6:7, que instruye: *"Enseñarás (las palabras de Dios) diligentemente a tus hijos"*. Este mandato divino subraya la centralidad del aprendizaje dentro de la fe judía.

Aprendizaje permanente y exploración intelectual

El judaísmo considera el aprendizaje como un viaje que dura toda la vida. El Talmud, un texto fundamental de la ley y la ética judías, fomenta el estudio continuo, afirmando que *"el estudio es grande porque conduce a la acción"* (Talmud, Kidushín 40b). Se anima a los judíos a participar en la exploración intelectual, el debate y la discusión, creyendo que la búsqueda de la comprensión es un camino hacia el crecimiento espiritual y la vida ética.

Los eruditos y maestros, conocidos como rabinos, desempeñan un papel fundamental en las comunidades judías. Dedican su vida al estudio de los textos sagrados y a la interpretación de la ley judía. Los rabinos guían a los fieles en cuestiones de fe, ética y observancia ritual. Garantizan que la sabiduría de la Torá se transmita eficazmente.

Estudio de la Torá: Desvelando la sabiduría de la tradición judía

La tradición del estudio de la Torá es el núcleo de la vida intelectual y espiritual judía, y se remonta a milenios atrás. Su núcleo es la Torá, el texto central y más sagrado del judaísmo, que incluye los Cinco Libros de Moisés, también conocidos como el Pentateuco.

Orígenes e importancia

El estudio de la Torá comenzó con los primeros encuentros del pueblo judío con este texto sagrado. Está arraigado en la creencia de que la Torá contiene la ley escrita y una vasta reserva de sabiduría, guía y enseñanzas morales. La Torá abarca la historia, la ética, la teología y los principios legales que forman la base de la identidad judía.

Prácticas en la actualidad

El estudio de la Torá ha evolucionado, reflejando la diversidad de las comunidades judías y sus interpretaciones de este antiguo texto. He aquí cómo se practica hoy en día:

- **Yeshivot y seminarios:** Las academias judías tradicionales, conocidas como yeshivot para los hombres y seminarios para las mujeres, ofrecen programas intensivos de estudio de la Torá. Los alumnos profundizan en los textos judíos, incluidos el Talmud y los comentarios.

- **Partes semanales de la Torá:** En las sinagogas de todo el mundo, los judíos se reúnen semanalmente para estudiar la parte de la Torá (parashá) asignada para esa semana. Esta práctica garantiza la lectura y el estudio de toda la Torá a lo largo de un año.

- **Estudio de la jevruta:** El estudio de la Torá en pareja (jevruta) es una tradición muy apreciada. Dos personas estudian juntas los textos, participando en animados debates y discusiones para obtener una comprensión más profunda.

- **Recursos online:** En la era digital, el estudio de la Torá es accesible en todo el mundo a través de sitios web, podcasts y cursos online. Estos recursos se dirigen a judíos de todos los orígenes y niveles de experiencia.

- **Estudio diario:** Muchos judíos dedican tiempo cada día a estudiar una página del Talmud, lo que se conoce como "Daf yomi". Este ciclo de siete años y medio garantiza una exploración exhaustiva del Talmud.

- **Aplicación a la vida moderna:** El estudio de la Torá no es solo una búsqueda intelectual. También es una guía para la vida ética. Las lecciones de la Torá informan sobre la ética, la justicia y las decisiones de responsabilidad social.

El estudio de la Torá es la piedra angular de la identidad judía, ya que fomenta una profunda conexión con la tradición, un sentimiento de herencia compartida y un compromiso con el aprendizaje permanente. Capacita a las personas para aplicar la sabiduría intemporal a los retos contemporáneos. El estudio de la Torá sigue siendo un aspecto vibrante y esencial de la vida judía, que preserva el legado perdurable de la erudición y la espiritualidad judías.

Estudio del Talmud: El corazón de la erudición judía

El Talmud es un texto central del judaísmo rabínico
Reuvenk, CC BY 3.0 <https://creativecommons.org/licenses/by/3.0>, via Wikimedia Commons:
https://commons.wikimedia.org/wiki/File:Talmud_set.JPG

El estudio del Talmud es la piedra angular de la erudición judía, pues fomenta el rigor intelectual, la perspicacia ética y una profunda comprensión de la ley y la tradición judías. Se trata de una intrincada exploración del Talmud, texto central del judaísmo rabínico.

Orígenes

El Talmud es una recopilación de leyes y tradiciones orales judías desarrolladas a lo largo de siglos. Sus orígenes se remontan al periodo del Segundo Templo, pero se codificó principalmente en los Talmud de Babilonia y Jerusalén. El estudio del Talmud surgió como respuesta a la necesidad de una guía exhaustiva de la ley y la ética judías.

Importancia

- **Fundamento jurídico:** Sirve de fundamento de la ley judía (halajá) y ofrece amplios comentarios sobre textos bíblicos.
- **Desafío intelectual:** el discurso talmúdico fomenta el pensamiento crítico, el debate y la exploración intelectual, nutriendo las mentes analíticas.

- **Orientación ética:** El Talmud imparte sabiduría ética, ofreciendo orientación sobre dilemas morales, relaciones interpersonales y justicia social.

Prácticas en la actualidad

- **Yeshivot:** Las instituciones especializadas, conocidas como yeshivot, ofrecen una educación talmúdica integral para eruditos y estudiantes.

- **Daf yomi:** El programa mundial Daf yomi une a judíos de todo el mundo en el estudio diario del Talmud, completando todo el ciclo talmúdico cada siete años y medio.

- **Recursos online:** Las plataformas digitales proporcionan acceso a textos talmúdicos, comentarios y conferencias, lo que permite una amplia participación.

- **Clases comunitarias:** Muchas sinagogas y centros comunitarios ofrecen grupos de estudio del Talmud, lo que los hace accesibles a un público más amplio.

El estudio del Talmud sigue siendo un componente dinámico y esencial de la vida judía, que fomenta el crecimiento intelectual, la claridad moral y una profunda conexión con la herencia judía. Encarna el espíritu de indagación y reflexión continuas que ha definido la erudición judía durante siglos.

Aprendizaje en la yeshivá: Formación de eruditos de la Torá

El aprendizaje en la yeshivá es el corazón de la educación judía, donde los alumnos se sumergen en el estudio de la Torá, el Talmud y la ley judía. Estas escuelas especializadas fomentan el amor por el aprendizaje a lo largo de toda la vida y preparan a las personas para desempeñar funciones como eruditos, profesores y líderes en la comunidad judía.

Orígenes

El concepto de yeshivá se remonta a la antigüedad, cuando los eruditos se reunían para estudiar textos judíos. A lo largo de los siglos, las yeshivot evolucionaron hasta convertirse en instituciones formales con un plan de estudios estructurado. El propio término *"yeshivá"* significa "sentado" en hebreo, lo que refleja el método tradicional de sentarse y aprender.

Importancia

- **Preservación de la tradición:** Salvaguarda la continuidad de la tradición judía, garantizando que la Torá y la erudición talmúdica sigan siendo vibrantes y relevantes.

- **Profundidad intelectual:** Las yeshivot proporcionan una educación rigurosa y completa, fomentando un profundo compromiso intelectual con los textos y valores judíos.

- **Desarrollo del liderazgo:** Muchos líderes, rabinos y educadores judíos surgen de los programas de las yeshivot, dando forma al futuro de las comunidades judías de todo el mundo.

Prácticas en la actualidad

- **Estudio a tiempo completo:** Los estudiantes de yeshivá se dedican al estudio a tiempo completo, sumergiéndose en textos sagrados y comentarios rabínicos.

- **Plan de estudios:** El plan de estudios incluye la Biblia, el Talmud, la ley judía, la filosofía y la ética, proporcionando una educación completa.

- **Discurso y debate:** El aprendizaje en la yeshivá fomenta el discurso vivo, el debate y el pensamiento crítico, nutriendo las habilidades necesarias para la interpretación y aplicación de la ley judía.

- **Alcance mundial:** Las yeshivot existen en comunidades judías de todo el mundo, desde Jerusalén hasta Nueva York, y ofrecen diversos enfoques del aprendizaje judío.

La yeshivá produce generaciones de eruditos y líderes que llevan la antorcha de la sabiduría judía, asegurando su vitalidad en los años venideros.

Estudio del midrash: Desvelando las profundidades de la escritura judía

El estudio del midrash es una exploración profunda de las escrituras judías
https://commons.wikimedia.org/wiki/File:Midrash_Tehillim_(79).jpg

El estudio del midrash es una exploración profunda de las escrituras judías, que descubre capas de significado e interpretación dentro de las narraciones y enseñanzas bíblicas. Es un puente entre el texto antiguo y la comprensión contemporánea, que nos invita a profundizar en las dimensiones morales, espirituales y éticas del judaísmo.

Orígenes

La interpretación midráshica tiene profundas raíces en la tradición judía, surgió en el periodo del Segundo Templo y floreció en la literatura rabínica. Trata de llenar lagunas, ofrecer lecciones morales y extraer la sabiduría oculta de los relatos bíblicos. Los midrashim (en plural) son recopilaciones de estas interpretaciones.

Importancia

- **Ideas morales y éticas:** Los midrashim revelan las lecciones morales y las ideas éticas que encierran los relatos bíblicos, y que sirven de guía a las personas en su vida cotidiana.
- **Comprender la voluntad de Dios:** Ayuda a los judíos a comprender la voluntad de Dios y a relacionarse con las

enseñanzas divinas de forma significativa.

- **Continuidad cultural:** Los midrashim contribuyen a la continuidad cultural del judaísmo, garantizando que la Biblia siga siendo un texto vivo y relevante para las preocupaciones contemporáneas.

Prácticas en la actualidad

- **Exploración textual:** Académicos y estudiantes se dedican a un profundo análisis textual, examinando los midrashim y sus comentarios.

- **Programas educativos:** Muchas instituciones educativas judías incorporan el estudio del midrash en sus planes de estudio, fomentando una comprensión más profunda de las escrituras.

- **Debates comunitarios:** Sinagogas y grupos de estudio se reúnen para debatir los midrashim, fomentando la exploración colectiva y el diálogo.

- **Recursos online:** Las plataformas digitales proporcionan acceso a una gran cantidad de literatura midráshica, haciéndola accesible a un público más amplio.

El estudio del midrash tiende un puente entre los textos antiguos y la vida contemporánea, ofreciendo una visión de las dimensiones morales, espirituales y éticas del judaísmo. Mantiene encendida la llama de la sabiduría judía, garantizando que las lecciones intemporales de la Biblia.

Filosofía judía: Navegando por las profundidades de la fe y la razón

La filosofía judía es una rica tradición intelectual que combina fe y razón para explorar cuestiones profundas sobre la naturaleza de Dios, el sentido de la vida y los fundamentos éticos del judaísmo. Arraigada en textos antiguos, sigue configurando el panorama espiritual e intelectual del judaísmo.

Orígenes

La filosofía judía tiene profundas raíces históricas, con figuras clave como Filón de Alejandría y Maimónides, que mezclaron el pensamiento judío con la filosofía griega e islámica. Estos pensadores trataron de conciliar la fe judía con las investigaciones racionales del resto del mundo, dando origen a una tradición de investigación filosófica.

Importancia

- **Teología y metafísica:** Aborda cuestiones sobre la naturaleza de Dios, la teodicea y la vida después de la muerte, contribuyendo a la comprensión teológica.

- **Ética y moral:** Los filósofos judíos exploran los principios éticos subyacentes a la ley judía, arrojando luz sobre cómo vivir una vida recta.

- **Diálogo interreligioso:** Ha enriquecido el diálogo interreligioso al comprometerse con otras tradiciones filosóficas, fomentando el entendimiento mutuo.

Prácticas en la actualidad

- **Actividad académica:** Académicos y estudiantes estudian las obras de figuras históricas como Maimónides y filósofos modernos como Emmanuel Lévinas.

- **Reflexión ética:** La filosofía judía informa los debates sobre los desafíos éticos contemporáneos, como la bioética, la justicia social y la ética medioambiental.

- **Exploración interdisciplinar:** Se cruza con otros campos, como la literatura, la teología y la teoría política, enriqueciendo un discurso más amplio.

- **Compromiso interreligioso:** Los filósofos judíos participan en el diálogo interreligioso, contribuyendo a los debates sobre pluralismo religioso y coexistencia.

La filosofía judía inspira la contemplación profunda y el diálogo, tendiendo puentes entre la fe y la razón. Invita a las personas a explorar las profundidades del pensamiento judío al tiempo que se comprometen con el entramado más amplio del conocimiento y la ética humanos.

Estudio de la cábala: Exploración mística de la espiritualidad judía

El estudio de la cábala profundiza en las dimensiones místicas y esotéricas de la espiritualidad judía. Ofrece un camino único para comprender la relación entre la divinidad, el cosmos y el alma humana, combinando la sabiduría antigua con los conocimientos místicos.

Orígenes

La cábala tiene orígenes antiguos, pero adquirió importancia en la España medieval y más tarde en Safed (Israel). Sus enseñanzas se basan en textos como el Zohar y el Sefer Yetzirá, que ofrecen una interpretación mística de la Torá.

Importancia

- **Iluminación espiritual:** Proporciona un marco de crecimiento espiritual para profundizar en la conexión con Dios y el reino divino.
- **Comprensión cósmica:** Las enseñanzas cabalísticas exploran la creación del universo y la interconexión de toda la existencia.
- **Perspectivas éticas:** La cábala imparte orientación ética y moral, animando a las personas a vivir con compasión y empatía.

Prácticas en la actualidad

- **Exploración textual:** Estudiosos y aficionados estudian los textos cabalísticos, descifrando su lenguaje simbólico y sus significados ocultos.
- **Meditación y contemplación:** La cábala incorpora prácticas meditativas para facilitar un encuentro directo con lo divino.
- **Retiros espirituales:** Algunos participan en retiros cabalísticos o grupos de estudio, fomentando una exploración comunitaria de las enseñanzas místicas.
- **Aplicaciones contemporáneas:** La cábala influye en la espiritualidad contemporánea, y algunos buscan su sabiduría para el crecimiento personal y la iluminación.

El estudio de la cábala ofrece un viaje transformador a las dimensiones místicas del judaísmo, invitando a las personas a explorar los aspectos ocultos de la realidad, la espiritualidad y el alma humana. Sigue suscitando búsquedas espirituales y profundizando en la vida espiritual de quienes buscan su sabiduría.

Misticismo judío: Navegando por los secretos de lo divino

El misticismo judío, a menudo llamado "cábala", explora las dimensiones ocultas de la realidad y lo divino. Es un viaje espiritual que trata de desentrañar los misterios de la existencia y la interconexión de todas las cosas.

Orígenes

El misticismo judío tiene sus orígenes en la Antigüedad, pero floreció durante la Edad Media, sobre todo en los escritos de figuras como Rabí Isaac Luria y el Zohar. Se inspira en textos judíos antiguos, como la Torá, al tiempo que incorpora elementos del neoplatonismo y del pensamiento gnóstico.

Importancia

- **Conexión espiritual:** Ofrece una conexión directa e íntima con lo divino, permitiendo a los practicantes experimentar una espiritualidad más profunda.

- **Comprensión cósmica:** El misticismo explora la naturaleza del universo, considerándolo un reflejo del reino divino y desvelando capas ocultas de la realidad.

- **Comprensión ética:** Hace hincapié en el comportamiento ético, animando a las personas a encarnar la compasión, la bondad y la empatía.

Practicas en la actualidad

- **Estudio de textos cabalísticos:** Eruditos y aficionados estudian textos cabalísticos clásicos como el Zohar y el Sefer Yetzirá, descifrando su simbolismo y enseñanzas metafísicas.

- **Meditación y contemplación:** Las prácticas místicas, incluidas la meditación y la contemplación, permiten a las personas acceder a reinos espirituales superiores y a percepciones divinas.

- **Centros de cábala:** Algunos se comprometen con centros y grupos de estudio de la cábala contemporánea, aplicando los principios místicos a la vida moderna.

- **Expresión artística:** El misticismo judío ha influido en el arte, la literatura y la música, proporcionando una fuente de inspiración para la expresión creativa.

El misticismo judío invita a los individuos a explorar los misterios de la existencia, a profundizar en su conexión con lo divino y a buscar la iluminación y la vida ética en un mundo complejo. Sigue siendo un alimento espiritual y una maravilla para quienes se embarcan en este viaje místico.

Poesía litúrgica: Elevar la oración mediante el arte

La poesía litúrgica, también conocida como *piyyutim* en hebreo, es una expresión cautivadora que infunde a la oración judía belleza artística y profundidad espiritual. Estas composiciones poéticas, a menudo recitadas durante los servicios religiosos, realzan la experiencia del culto añadiendo una capa de riqueza estética a la liturgia.

Orígenes

Los orígenes de la poesía litúrgica se remontan al periodo del Segundo Templo, cuando poetas y sabios elaboraban versos para acompañar los rituales y las fiestas. Con el tiempo, estos poemas evolucionaron, reflejando las diversas influencias de las comunidades judías de la diáspora.

Importancia

- **Elevación espiritual:** Los piyyutim elevan la oración, permitiendo a los fieles conectar con la divinidad a un nivel emocional e intelectual.

- **Preservar la tradición:** Estos poemas preservan las tradiciones culturales y religiosas de las comunidades judías, llevando las voces de generaciones.

- **Herramienta educativa:** Los piyyutim transmiten lecciones teológicas, históricas y morales, y sirven como herramientas educativas dentro de la liturgia.

Practicas en la actualidad

- **Recitación:** Los piyyutim se recitan en ocasiones especiales, días festivos y servicios de oración específicos, lo que enriquece la experiencia litúrgica.

- **Composiciones:** Los poetas contemporáneos siguen componiendo piyyutim, contribuyendo a la tradición de la poesía litúrgica.

- **Música y melodía:** Muchos piyyutim están acompañados de melodías, lo que aumenta su impacto y fomenta el compromiso comunitario.

- **Interpretación:** Estudiosos y aficionados profundizan en la interpretación y el análisis de los piyyutim, descubriendo sus capas de significado.

La poesía litúrgica es un testimonio de la duradera unión de arte y espiritualidad en el judaísmo. Estas expresiones poéticas invitan a explorar las profundidades de la fe, celebrar la riqueza de la tradición y encontrar inspiración en la intersección de las palabras y el culto.

Arte judío y musicología: Explorando la expresión creativa de la fe

El arte y la musicología judías abarcan un mundo vibrante y diverso de expresión creativa profundamente arraigado en la tradición judía. Estas disciplinas ofrecen una lente a través de la cual contemplar la diversa cultura, historia y espiritualidad judías, manifestando la belleza de la fe a través de formas visuales y auditivas.

Orígenes

Los orígenes del arte judío y la musicología se remontan a los tiempos bíblicos. El arte judío abarca múltiples estilos e influencias, incluidos los manuscritos iluminados de la España medieval. La musicología judía explora las tradiciones musicales de los judíos asquenazíes y sefardíes, entre otros.

Importancia

- **Preservación cultural:** Sirven como herramientas vitales para preservar la cultura y la identidad judías, reflejando las experiencias y la estética de las comunidades judías a través de los tiempos.

- **Enriquecimiento espiritual:** El arte y la música judíos proporcionan vías para el enriquecimiento espiritual, realzando los rituales religiosos y los servicios de oración.

- **Diálogo interreligioso:** Estas disciplinas fomentan el diálogo interreligioso mostrando la experiencia humana compartida y los temas universales que encierran el arte y la música judíos.

Prácticas en la actualidad

- **Exposiciones e interpretaciones:** Museos e instituciones culturales acogen exposiciones de arte judío, mientras que músicos y compositores siguen creando e interpretando música judía.

- **Exploración académica:** Académicos y estudiantes se dedican a rigurosos estudios académicos, diseccionando el significado histórico, cultural y religioso de las expresiones artísticas y musicales judías.

- **Recursos de inspiración:** El arte y la música judíos son fuente de inspiración para individuos y comunidades, conectándolos con su herencia y espiritualidad.

- **Colaboración interdisciplinar:** Artistas, músicos y académicos colaboran a menudo entre disciplinas, insuflando nueva vida a las formas tradicionales y reimaginando la expresión creativa judía para el público contemporáneo.

El arte y la musicología judíos siguen inspirando, educando y conectando a personas de todo el mundo, celebrando el perdurable legado de la creatividad y la espiritualidad judías.

Literatura responsa: Navegando por los matices de la ley judía

La literatura responsa, conocida como "She'elot u-Teshuvot" en hebreo, aborda cuestiones de la ley y la ética judías. Este extenso corpus de respuestas escritas ofrece una visión de las complejidades de la aplicación de los principios legales judíos a situaciones de la vida real.

Orígenes

La literatura responsa tiene sus raíces en la tradición rabínica, y las primeras respuestas de las que se tiene constancia se remontan al periodo geónico. Con el paso del tiempo, ha ido ampliando su alcance y profundidad, reflejando la evolución de las necesidades de las comunidades judías.

Importancia

- **Orientación jurídica:** Proporciona respuestas autorizadas a preguntas que surgen en la vida cotidiana, ofreciendo soluciones prácticas enraizadas en la ley judía.

- **Adaptación a la modernidad:** Aborda temas contemporáneos, demostrando la adaptabilidad del judaísmo al tiempo que mantiene sus valores fundamentales.

- **Preservación de la tradición:** Salvaguarda la continuidad de la tradición jurídica judía documentando la aplicación de la ley judía a lo largo de los siglos.

Prácticas en la actualidad

- **Autoridades rabínicas:** Los rabinos y eruditos contemporáneos se dedican a escribir responsa, abordando dilemas legales y éticos modernos.

- **Decisiones halájicas**: Las responsa conforman las decisiones halájicas en diversas confesiones judías, desde la ortodoxa hasta la reformista.

- **Diálogos interreligiosos**: Contribuyen a los debates interconfesionales mostrando la complejidad y adaptabilidad de la ley judía.

- . **Estudio académico:** Académicos y estudiantes profundizan en la literatura responsa, examinando su significado histórico, cultural y jurídico.

La literatura responsa encarna el dinamismo de la ley y la ética judías, ofreciendo una perspectiva matizada de cómo el judaísmo guía a las personas y las comunidades a la hora de afrontar los retos siempre cambiantes de la vida contemporánea. Sigue siendo un manantial de sabiduría y conocimientos éticos para quienes buscan orientación en el marco de la tradición judía.

El aprendizaje y la sabiduría son componentes esenciales de la fe judía y se manifiestan de diversas formas. El judaísmo ofrece innumerables oportunidades para la exploración intelectual, el enriquecimiento espiritual y el diálogo intercultural, desde la poesía litúrgica y la musicología hasta la literatura responsa. Las personas cultivan el aprecio por la riqueza de la tradición judía y su relevancia para la vida moderna al comprometerse con estas disciplinas. En última instancia, el aprendizaje, la sabiduría y la academia siguen siendo el núcleo de la fe y la identidad judías.

Capítulo 9: Arte y creatividad

El arte y la creatividad judíos reflejan la rica historia y tradiciones del pueblo judío. Es un mundo diverso de expresión artística, que incluye pintura, música, literatura y mucho más. Los artistas suelen inspirarse en relatos, historia y creencias judías y utilizan su creatividad para explorar lo que significa ser judío.

En el arte visual, los artistas judíos crean hermosas pinturas, esculturas e intrincados diseños para las sinagogas. Utilizan símbolos como la estrella de David o las letras hebreas para expresar su fe. En música, los compositores judíos han contribuido significativamente a los géneros clásico, folclórico y contemporáneo. La música klezmer, por ejemplo, es una forma viva y expresiva de música folclórica judía.

La literatura judía ha producido escritores de renombre como Franz Kafka e Isaac Bashevis Singer, que exploran temas de identidad y pertenencia. Sus historias resuenan en lectores de todo el mundo. La creatividad judía también brilla en la cocina, con platos como la sopa de bolas de matzá y los latkes, que se han convertido en alimentos judíos populares.

El arte y la creatividad judíos son vibrantes y dinámicos, y reflejan la diversidad y el espíritu perdurable de la cultura judía. Conectan el pasado con el presente, permitiendo al pueblo judío expresar su identidad y compartir su patrimonio a través de diversas formas de expresión artística.

Caligrafía judía (sofer): Donde la fe se une al arte

La caligrafía judía funde las palabras escritas en arte

La caligrafía judía, o "sofer", es una tradición que funde la palabra escrita en una forma de arte profundamente arraigada en la cultura y la fe judías. Da vida a la belleza de la escritura hebrea, entrelazando lenguaje, espiritualidad y expresión artística.

Contexto histórico

Los orígenes de la caligrafía judía se remontan a la Antigüedad, con la evolución de la escritura hebrea a lo largo de los siglos. Las comunidades judías de la diáspora conocieron muchas culturas, desde la árabe hasta la europea, que influyeron en sus estilos caligráficos. Las escrituras sefardí y asquenazí son un ejemplo de este intercambio intercultural.

Importancia cultural

La caligrafía judía tiene un profundo significado cultural. Es un vínculo tangible con la historia judía, que preserva la herencia visual de antiguos manuscritos y rollos de la Torá. Este arte realza la experiencia espiritual, haciendo que resuenen emocionalmente las oraciones y los textos sagrados. Además, refleja la rica interacción de culturas en la historia judía, donde convergieron diversas influencias, dando origen a una tradición artística única y perdurable.

Prácticas en la actualidad

- **Rollos de la Torá**: Los sofrim (escribas) escriben y restauran minuciosamente los rollos de la Torá, garantizando su exactitud y esplendor artístico.

- **Arte religioso**: Los calígrafos crean obras de arte religioso como ketubot (contratos matrimoniales) y mezuzot, mezclando la tradición con la estética contemporánea.

- **Iniciativas educativas:** Los talleres y programas educativos transmiten el arte de la caligrafía judía a las nuevas generaciones.

- **Intercambio interreligioso:** La caligrafía judía entabla un diálogo interreligioso, invitando a personas de todos los orígenes a apreciar su belleza y espiritualidad.

La caligrafía judía tiende un hermoso puente entre el pasado y el presente, demostrando la perdurable vitalidad de la cultura judía. Muestra cómo el arte puede soportar el peso de la historia, la fe y la creatividad. Es un testimonio de la resistencia y adaptabilidad de la tradición judía.

Arquitectura de sinagogas: Donde la espiritualidad se encuentra con el diseño

La arquitectura de las sinagogas es una tradición cautivadora que entrelaza fe, cultura y estética. Proporciona un espacio sagrado donde las comunidades judías se reúnen para el culto y la comunidad y muestra la fusión de la reverencia espiritual con la innovación arquitectónica.

La arquitectura de las sinagogas entrelaza fe, cultura y estética

Contexto histórico

Las raíces de la arquitectura de las sinagogas se remontan a siglos atrás y reflejan las diversas influencias culturales que han sufrido las comunidades judías en la diáspora. Los estilos arquitectónicos han evolucionado desde las antiguas sinagogas de la época romana hasta la grandeza de las sinagogas moriscas y góticas.

Importancia cultural

La arquitectura de las sinagogas tiene un profundo significado cultural. Sirve como encarnación tangible de la identidad judía. Ofrece un espacio para que las generaciones celebren, lloren, aprendan y conecten con su fe. Los elementos arquitectónicos, desde el arca que contiene los rollos de la Torá hasta las vidrieras, encierran un profundo simbolismo y belleza artística.

Practicas en la actualidad

- **Diseño innovador:** Los arquitectos contemporáneos combinan elementos tradicionales con un diseño moderno, creando espacios funcionales y espiritualmente edificantes.

- **Preservación:** Los esfuerzos de restauración garantizan la conservación de las sinagogas históricas, manteniendo su patrimonio cultural y arquitectónico.

- **Diálogo interreligioso:** La arquitectura de las sinagogas fomenta el entendimiento interreligioso, invitando a diversas comunidades a apreciar su belleza y espiritualidad.

- **Iniciativas educativas:** Los programas educativos y las visitas guiadas dan a conocer la rica historia y el simbolismo de la arquitectura de las sinagogas.

La arquitectura de las sinagogas combina a la perfección lo espiritual y lo estético. Muestra la vitalidad perdurable de la cultura y la fe judías. Es un testimonio de la resistencia y adaptabilidad de la tradición judía, y proporciona un espacio sagrado donde las generaciones pasadas, presentes y futuras se reúnen en reverencia y comunidad.

Arte popular judío (incluido el recorte de papel): Tradición, simbolismo y arte

El arte popular judío, reflejo polifacético de la cultura judía, abarca una gran variedad de expresiones creativas. Entre ellas, el recorte de papel es una armoniosa mezcla de tradición, simbolismo e innovación artística.

Contexto histórico

El arte popular judío ha evolucionado, moldeado por las experiencias de las comunidades judías de todo el mundo. A medida que los judíos se asentaban en distintas regiones, su arte absorbía las influencias locales al tiempo que conservaba temas judíos distintivos. El recorte de papel, por ejemplo, refleja la delicada artesanía que prosperó en las comunidades judías de Europa del Este.

Importancia cultural

El arte popular judío es importante desde el punto de vista cultural, ya que constituye un depósito vivo de la herencia judía. Recoge las historias, los valores y los rituales que han conformado la vida judía durante generaciones. Los artistas folclóricos infunden simbolismo a sus creaciones, transformando objetos cotidianos en piezas visualmente cautivadoras. Más allá de la estética, el arte popular refuerza la identidad judía, proporcionando un lenguaje visual que trasciende las palabras.

Prácticas en la actualidad

- **Renacimiento artístico:** Los artistas modernos se inspiran en el arte popular judío tradicional, infundiéndole un toque contemporáneo y nuevas perspectivas.

- **Educación cultural:** Los programas educativos y las exposiciones introducen al público en la rica historia y simbolismo del arte popular judío, fomentando el aprecio por su profundidad cultural.

- **Interacción con otras formas:** El arte popular interactúa con otras disciplinas artísticas, potenciando la creatividad judía y contribuyendo a diálogos culturales más amplios.

- **Lazos comunitarios:** La creación de arte popular suele unir a las comunidades, alimentando un sentimiento de cultura y tradición compartidas.

El arte popular judío combina maravillosamente la expresión artística con la tradición y tiende puentes entre el pasado y el presente, al tiempo que añade pinceladas vivas al lienzo en constante evolución de la identidad judía.

Música klezmer: Los sonidos conmovedores de la herencia judía

La música klezmer, un género evocador y animoso, encarna la esencia de la cultura judía, resonando con alegría, dolor y el espíritu indomable del pueblo judío.

Contexto histórico

La música klezmer hunde sus raíces en la historia judía, originaria de Europa del Este. Surgió como una armoniosa mezcla de tradiciones musicales judías y de Europa del Este, muy influida por la cultura yidis. Con el tiempo, evolucionó como respuesta a la diáspora judía y acompañó momentos cruciales de la vida, desde bodas hasta funerales.

Importancia cultural

La música klezmer tiene un profundo significado cultural. Los músicos klezmer expresan hábilmente toda una gama de emociones a través de sus instrumentos, desde la exuberancia de la celebración hasta la conmovedora profundidad de la reflexión. Esta música sirve de vehículo para preservar la herencia judía y contar historias. Cada melodía klezmer es portadora de relatos de la vida judía que conectan a generaciones. Además, el klezmer trasciende las barreras lingüísticas. Une a la gente a través de sus emotivas melodías, creando un sentimiento de comunidad y experiencia compartida.

Prácticas en la actualidad

- **Resurgimiento**: Los músicos modernos infunden nueva vida al klezmer, ofreciendo nuevas interpretaciones al tiempo que respetan sus raíces tradicionales.

- **Educación cultural:** Los talleres y festivales introducen a las nuevas generaciones en el rico patrimonio del klezmer, garantizando la perdurabilidad de sus melodías e historias.

- **Armonía interreligiosa:** Los cautivadores ritmos y melodías del klezmer fomentan el diálogo interreligioso y tienden puentes entre comunidades diversas.

- **Celebraciones de la vida:** El klezmer sigue enriqueciendo las bodas y celebraciones judías, creando un ambiente de unidad y festividad.

La música klezmer, con sus melodías intemporales y su profunda profundidad emocional, es un testimonio de la resistencia de la cultura judía. Esta tradición musical abraza la herencia y la innovación, invitando a personas de todos los orígenes a sumergirse en los vibrantes sonidos de la historia y la identidad judías.

Formas de danza judía: Celebrando los ritmos de la vida

Las danzas judías, una cautivadora expresión de la cultura judía, encapsulan el ritmo de las celebraciones de la vida, desde alegres bodas hasta animados festivales.

Contexto histórico

Estas formas de danza tienen profundas raíces históricas, con orígenes que abarcan comunidades judías de todo el mundo. A menudo reflejan la influencia de las culturas locales, al tiempo que mantienen una identidad judía distintiva. Las danzas evolucionaron como respuesta a las experiencias judías en distintas regiones, convirtiéndose en parte integrante de la vida judía.

Importancia cultural

Las danzas judías tienen un profundo significado cultural. La danza es la encarnación viva de las tradiciones judías. Plasma la exuberancia de la celebración y la solemnidad de la reflexión. También aporta experiencias compartidas, preservando historias y recuerdos de generación en generación. La danza tiene un poder unificador, fomenta la comunidad y refuerza la identidad judía.

Prácticas en la actualidad

- **Evolución**: Las interpretaciones e innovaciones modernas mantienen vivas y vigentes las formas de danza judía.
- **Educación cultural:** Los talleres y festivales de danza introducen a las nuevas generaciones en estas tradiciones, garantizando que su legado perdure.
- **Inclusividad**: Las formas de danza judía suelen trascender las fronteras religiosas, fomentando el diálogo interreligioso y el intercambio cultural.
- **Los hitos de la vida:** Estas danzas enriquecen los acontecimientos de la vida judía, infundiéndoles energía y una profunda conexión con la tradición.

Con sus ritmos contagiosos y su resonancia cultural, las danzas judías invitan a personas de todos los orígenes a participar en las vibrantes expresiones de la historia y la identidad judías.

Pintura y escultura judías: Capturar el alma judía en el arte

La pintura y la escultura judías, un cautivador ámbito de expresión artística, sirven de lienzo para explorar las diversas facetas de la identidad y la historia judías.

Contexto histórico

Esta forma de expresión artística hunde sus raíces en las comunidades judías de todo el mundo. Refleja un abanico de influencias, desde las antiguas tradiciones artísticas hebreas hasta los intercambios multiculturales de la diáspora. Los artistas judíos se han inspirado en su entorno y han impregnado sus obras de temas judíos.

Importancia cultural

A través de pinceladas y formas tangibles, estas obras de arte preservan historias, valores y experiencias únicas de la vida judía. Conectan generaciones a través de la narración visual. Exploran las intersecciones de la identidad judía, entrelazando fe, historia y diversidad cultural de forma vívida y tangible. Además, ofrecen perspectivas contemporáneas, explorando temas que resuenan con las experiencias judías modernas, desde la inmigración a la justicia social.

Prácticas en la actualidad

- **Temas diversos:** Los artistas exploran muchos temas, como la historia, la espiritualidad y la diáspora judías, insuflando nueva vida a las formas tradicionales.

- **Influencia mundial:** Los artistas judíos de todo el mundo se inspiran en sus contextos culturales únicos, infundiendo a sus obras perspectivas globales.

- **Diálogos culturales:** Estas obras dialogan a menudo con otras disciplinas artísticas, fomentando el intercambio intercultural y enriqueciendo el panorama artístico.

- **Compromiso con la comunidad:** Las exposiciones y colaboraciones dentro de la comunidad judía fomentan un sentimiento de unidad y orgullo cultural compartido.

La pintura y la escultura judías pueden encapsular el alma judía en el arte, invitando a públicos de todos los orígenes a explorar la rica herencia judía y la expresión contemporánea a través de las vibrantes formas del ámbito artístico.

Teatro yidis: El latido del drama judío

El teatro yidis, una expresión cultural vibrante y cautivadora, ha desempeñado un papel fundamental a la hora de preservar y compartir historias, humor y emociones judías.

Contexto histórico

Surgido a finales del siglo XIX, el teatro yidis arraigó en las comunidades judías de todo el mundo. Era una respuesta a los retos y triunfos de la vida judía, inspirada en la lengua y la cultura yidis. Estos teatros se convirtieron en centros de creatividad e intercambio cultural, con representaciones que iban desde conmovedores dramas hasta comedias hilarantes.

Importancia cultural

El teatro yidis actuó como guardián para preservar la lengua y las tradiciones judías a través de narraciones convincentes, que reflejaban todo el espectro de la vida judía. Representaba las luchas y los sueños de las comunidades judías. Además, fomentó un sentimiento de unidad entre las comunidades judías de todo el mundo, trascendiendo las barreras geográficas y lingüísticas.

Prácticas en la actualidad

- **Resurgimiento**: El teatro yidis experimenta un renacimiento, con nuevas generaciones que abrazan esta forma de arte y sus raíces lingüísticas y culturales.
- **Alcance mundial**: Las producciones se extienden ahora por todo el mundo, acercando las historias en yidis a públicos diversos.
- **Colaboraciones interdisciplinarias**: El teatro yidis colabora a menudo con otras disciplinas artísticas, infundiendo nueva creatividad a las narraciones tradicionales.
- **Festivales culturales**: Los festivales celebran el teatro yidis, fomentando el intercambio cultural y preservando su legado.

El teatro yidis evoca la risa, las lágrimas y la contemplación. Sigue siendo el latido del drama judío, invitando a públicos de todos los orígenes a deleitarse con las historias y emociones intemporales de la vida judía.

Textiles y tejidos judíos: Hilos de tradición y fe

Los textiles y tejidos judíos, una sinfonía de colores y dibujos, entrelazan tradición, fe y cultura en la creación de objetos como el talit y fundas para jalá.

Contexto histórico

Estas tradiciones artísticas se remontan a siglos atrás, entrelazadas en el tejido de la vida judía. Los intrincados diseños y las técnicas de tejido se han transmitido de generación en generación.

Importancia cultural

Los tejidos judíos tienen un profundo significado cultural. Encarnan la esencia de la oración y el ritual. El talit prendas de oración que envuelve a quien la lleva en una sensación de santidad durante el culto. Las mantas de jalá adornan la mesa del shabat, elevando el acto sagrado de partir el pan. Los motivos y colores utilizados suelen tener significados simbólicos. La creación de estos tejidos fomenta los lazos familiares y comunitarios, ya que las generaciones colaboran en la producción de estas preciadas piezas.

Prácticas en la actualidad

- **Diseños contemporáneos:** Los artistas infunden creatividad moderna a las técnicas tradicionales de tejido, creando diseños vibrantes y contemporáneos.

- **Inspiración mundial:** Los artesanos judíos se inspiran en todo el mundo para crear piezas que reflejan diversas experiencias judías.

- **Celebraciones e hitos:** Estos tejidos desempeñan un papel central en los acontecimientos del ciclo vital, desde el benei mitzvá hasta las bodas, preservando las tradiciones y marcando al mismo tiempo los nuevos comienzos.

- **Expresión artística:** Algunos tejedores judíos utilizan estas artes como forma de autoexpresión, mezclando influencias culturales y artísticas.

Con su intrincada belleza y su rico simbolismo, los tejidos judíos son más que simples telas. Son expresiones tangibles de la fe y la creatividad judías e invitan a personas de todos los orígenes a tocar y conectar con los hilos intemporales de la tradición que siguen uniendo a la comunidad judía.

Cerámica y alfarería judías: Tradición y conexión

La cerámica y la alfarería judías, moldeadas con técnicas antiguas y creatividad moderna, forman recipientes de tradición y un puente hacia la herencia judía.

Contexto histórico

Estos oficios artesanales hunden sus raíces en la historia judía. Desde los tiempos bíblicos hasta hoy, la cerámica y la alfarería han servido tanto para fines funcionales como decorativos en los hogares judíos, las sinagogas y las prácticas ceremoniales.

Importancia cultural

La cerámica y la alfarería suelen producir objetos ceremoniales como copas de Kidush y menorás de Janucá. Estos objetos realzan la observancia de las fiestas y rituales judíos. Los artesanos impregnan su trabajo de expresión artística, tendiendo un puente entre lo sagrado y lo creativo.

Prácticas en la actualidad

- **Diseños innovadores:** Los artesanos experimentan con diseños innovadores, adaptando técnicas ancestrales para crear piezas únicas y visualmente impactantes.

- **Renacimiento cultural:** El resurgimiento del interés por el patrimonio judío ha provocado un renacimiento de la cerámica judía tradicional.

- **Eventos del ciclo vital:** La cerámica y la alfarería desempeñan un papel integral en los acontecimientos del ciclo vital judío, desde cálices de boda hasta placas conmemorativas, preservando tradiciones y marcando momentos significativos.

- **Comunidad artística:** La comunidad judía de cerámica y alfarería es un espacio próspero para que los artistas se conecten, aprendan y evolucionen en su oficio.

Con su elegancia funcional y su profundidad cultural, la cerámica y la alfarería judías proporcionan vínculos tangibles con la historia y la espiritualidad judías. Sirven como recipientes de la tradición, enriquecen los rituales judíos e inspiran el arte contemporáneo. Estas creaciones de arcilla atraen a personas de todos los orígenes, invitándolas a apreciar la belleza intemporal que encarnan.

Judaica: Crear vínculos espirituales

La judaica, un exquisito conjunto de objetos rituales judíos, son artefactos tangibles con una profunda espiritualidad, que encarnan la fe y la tradición judías.

Contexto histórico

Estos artefactos sagrados son portadores de un rico legado histórico que abarca milenios y que tiene su origen en la Antigüedad. A lo largo de los siglos, las comunidades judías de todo el mundo han perfeccionado la artesanía de estos objetos.

Importancia cultural

La judaica encierra multitud de significados en sus elegantes formas. Realza las experiencias espirituales y sirve de conducto para la expresión artística. Cada pieza, desde la menorá hasta la copa de Kidush, es una fusión de estética y tradición. Además, la judaica forja lazos entre generaciones, ya que los objetos más preciados se transmiten de generación en generación, preservando los recuerdos familiares y comunitarios.

Prácticas en la actualidad

- **Diseños modernos:** Los artesanos infunden diseños modernos a estos objetos intemporales, insuflando nueva vida a tradiciones ancestrales.

- **Arte global:** Los artistas de la judaica se inspiran en diversas comunidades judías de todo el mundo, enriqueciendo sus creaciones con un mosaico de influencias culturales.

- **Eventos del ciclo vital:** La judaica desempeña un papel fundamental en los acontecimientos del ciclo vital judío, marcando hitos y salvaguardando la tradición.

- **Preservación cultural:** Al elaborar meticulosamente sus productos, los artesanos contribuyen a preservar la cultura y el patrimonio judíos.

La judaica encarna la conexión duradera entre el pueblo judío y su fe. Estos objetos rituales invitan a personas de todos los orígenes a abrazar la profunda espiritualidad y riqueza cultural que encierran.

El arte y la creatividad son facetas esenciales de la cultura judía. A través de estos oficios creativos, generaciones de judíos han expresado su fe y su identidad. Estas vibrantes formas artísticas siguen cautivando a la gente para que explore la belleza intemporal de la tradición judía. Al conectar con estas artes, usted puede identificarse con el legado perdurable del pueblo judío y abrazar un sentido más profundo de la espiritualidad.

Capítulo 10: La cultura de la diáspora judía

La diáspora judía significa judíos que viven en todo el mundo. Allá donde iban, se adaptaban a la cultura local manteniendo sus tradiciones. Esto creó una rica mezcla de cultura judía en diferentes países, haciendo que la vida judía fuera colorida y diversa. Incluso en tierras diferentes, el pueblo judío mantuvo fuerte su identidad, conectando su pasado con su presente.

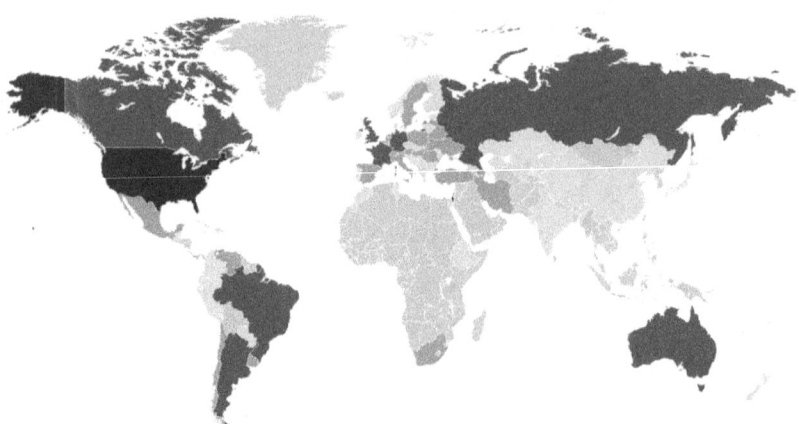

Mapa de la diáspora judía

Allice Hunter, CC BY-SA 4.0 <https://creativecommons.org/licenses/by-sa/4.0>, vía Wikimedia Commons:
https://commons.wikimedia.org/wiki/File:Map_of_the_Jewish_Diaspora_in_the_World.svg

El impacto de la diáspora en la cultura y las tradiciones judías

La diáspora judía ha influido profundamente en la cultura y las tradiciones judías, dando lugar a diversas influencias geográficas y culturales. Este viaje global no ha diluido la identidad judía, sino que, por el contrario, ha añadido capas de complejidad y profundidad a la vida judía de innumerables maneras.

- **Diversidad culinaria:** La cocina judía ha estado profundamente influenciada por las regiones donde se asentaron las comunidades judías. En Europa del Este, platos como el gefilte fish y la sopa de bolas de matzá se convirtieron en básicos, mientras que los judíos de Oriente Medio trajeron los sabores del falafel y el hummus. En Estados Unidos, los bagels se convirtieron en un icono. La cocina de cada región refleja las leyes dietéticas judías (kashrut) y los ingredientes locales, creando una deliciosa mezcla de tradición y adaptación.

- **Fusión musical:** La música judía es una armoniosa mezcla de varios estilos. El klezmer, un género de música folclórica judía, prosperó en Europa del Este, mientras que los judíos mizrahi introdujeron melodías de Oriente Medio. En América, los compositores judíos hicieron importantes contribuciones a la música clásica y popular. Estas influencias crearon un rico mosaico musical que resuena entre el público judío y no judío.

- **Diversidad lingüística:** El yidis se desarrolló en Europa del Este, combinando el hebreo con dialectos locales. El ladino, mezcla de español y hebreo, surgió entre los judíos sefardíes. Estas lenguas reflejan las raíces culturales y geográficas de las comunidades judías.

- **Tradiciones sincréticas**: Los judíos se adaptaron a sus culturas de acogida conservando sus prácticas religiosas. Este sincretismo creó tradiciones únicas, como la celebración de la mimuna judía marroquí o la ceremonia nupcial judía bujarana.

Costumbres sefardíes de Pascua: Una fusión de tradición y cultura

Las costumbres pascuales sefardíes ejemplifican la mezcla dinámica de rituales judíos intemporales y las diversas influencias culturales de sus comunidades diaspóricas.

Prácticas culturales únicas

Los judíos sefardíes impregnan sus tradiciones pascuales de sabores y costumbres regionales:

- **Platos especiales del Séder:** Estos platos suelen incluir elementos únicos que reflejan la historia del Éxodo y las tradiciones locales. El huevo asado, de intrincado diseño, refleja la cultura del país anfitrión.

- **Platos típicos de la Pascua judía:** La cocina sefardí incorpora especias e ingredientes locales, como el aromático jaroset, que encarna la fusión de sabores judíos y regionales. Su matzá, más fina y flexible, refleja las influencias mediterráneas.

Tradiciones costumbristas

- **Hagadá en ladino:** Los judíos sefardíes pueden utilizar una Hagadá en ladino, un texto judeoespañol de la Pascua judía que les conecta con sus raíces ibéricas.

- **Mimuna:** Los judíos norteafricanos celebran la mimuna, un final festivo de la Pascua judía. Los alimentos simbólicos, como la harina y la miel, representan la prosperidad y la fertilidad.

- **Kitniyot:** Los judíos sefardíes prefieren las kitniyot (legumbres) en Pésaj, en contraste con las tradiciones asquenazíes. Esto refleja las costumbres culinarias mediterráneas y de Oriente Medio.

Adaptación y fusión

Las costumbres sefardíes de la Pascua judía demuestran la adaptabilidad de las tradiciones judías a diversos entornos. Al emigrar y coexistir con otras culturas, los judíos sefardíes conservaron la esencia de la Pascua judía al tiempo que enriquecían sus costumbres con influencias locales.

Música klezmer asquenazí: Una armoniosa mezcla de culturas

La música klezmer asquenazí es un testimonio de la armoniosa fusión de las tradiciones musicales judías y del vibrante tapiz de la diáspora judía asquenazí.

Prácticas culturales únicas

La música klezmer asquenazí es una mezcla de influencias judías y de Europa del Este:

- **Instrumentación**: Los conjuntos klezmer tradicionales incluyen clarinetes, violines y acordeones, reflejando la diversidad instrumental de la música folclórica de Europa del Este.

- **Melodías diversas**: La música incorpora un abanico de emociones, desde alegres danzas como la "hora" hasta conmovedoras melodías que transmiten el espíritu judío de resistencia.

Costumbres

La música klezmer conlleva costumbres que reflejan la experiencia judía asquenazí:

- **Celebraciones de boda:** La música klezmer ha sido parte integrante de las bodas judías asquenazíes durante siglos, realzando el ambiente festivo con animadas melodías.

- **Simchas**: También es un elemento esencial de las celebraciones alegres, conocidas como "simchas", que incluyen bar y bat mitzvá y otros acontecimientos comunitarios.

Adaptación y mezcla

La música klezmer asquenazí ilustra maravillosamente la adaptabilidad de las tradiciones judías en diversos lugares. Cuando los judíos asquenazíes se asentaron en Europa del Este, su música absorbió las melodías, ritmos y escalas de sus países de acogida, dando lugar a un sonido klezmer distintivo que resuena con la herencia judía y las influencias europeas. Este género musical personifica la capacidad de la cultura judía para florecer y evolucionar en la diáspora, dejando una huella indeleble en el tapiz musical del mundo.

Cocina judía mizrají: Un festín de herencia diversa

La cocina judía mizrahi, un tesoro culinario, ofrece un delicioso testimonio de la fusión de las tradiciones culinarias judías con el rico tapiz de Oriente Medio y el Norte de África.

Prácticas culturales únicas

- **Especias y sabores:** Presenta un conjunto de especias aromáticas y sabores fuertes característicos de la cocina de Oriente Medio y el norte de África.
- **Platos festivos:** Los judíos mizrají celebran fiestas e hitos con platos únicos, como los fragantes arroces *"maqlube"* para ocasiones especiales.

Costumbres

- **Comidas de shabat:** Los suntuosos banquetes de shabat suelen incluir platos como el *"chraime"*, un guiso de pescado picante que refleja la fusión de las tradiciones culinarias y la observancia religiosa.
- **Séder de Pascua:** Platos únicos de Pascua como el *"kibbe"*, albóndigas de trigo bulgur, añaden un sabor distinto a la celebración de la fiesta.

Adaptación y combinación

La cocina judía mizrají ilustra perfectamente la adaptabilidad de las tradiciones culinarias judías. Cuando los judíos mizrahi se asentaron en Oriente Medio y el norte de África, adoptaron ingredientes y técnicas locales e infundieron a su cocina una rica variedad de especias y sabores regionales. Esta fusión culinaria es un testimonio de la resistencia y la creatividad de las comunidades judías para adaptarse y prosperar en diversos entornos de la diáspora.

Beta Israel (judíos etíopes). Festival Sigd: Celebración de la fe y la comunidad

El Beta Israel, o *Festival del Sigd judío etíope*, es una celebración única y vibrante que resume el viaje espiritual de una comunidad unida por la fe y el anhelo de Jerusalén.

Prácticas culturales únicas

- **Ascenso a la montaña:** Los miembros de Beta Israel se reúnen en altas montañas, emulando la ascensión bíblica al monte Sinaí, donde reciben los Diez Mandamientos

- **Oraciones y ayuno:** Las oraciones, los salmos y el ayuno comunitario son fundamentales para el Sigd, ya que la comunidad renueva su compromiso con la Torá.

Costumbres

- **Vestimenta blanca:** Los participantes visten las tradicionales prendas blancas, símbolo de pureza y renovación espiritual.

- **Rollos de la Torá:** Los rollos de la Torá ocupan un lugar central en la celebración, poniendo de relieve la perdurable conexión con las tradiciones judías.

Adaptación y resiliencia

El Festival Sigd refleja la fe inquebrantable y la resistencia de Beta Israel a lo largo de la historia. Aunque separados de las comunidades judías mundiales durante siglos, conservaron su identidad y tradiciones judías. El festival Sigd, que se celebra hoy en Israel, es un testimonio notable de su espíritu perdurable y de su reconexión con el mundo judío en general. Es un alegre recordatorio de que la fe trasciende el tiempo y la distancia, uniendo a Beta Israel con su herencia judía.

Observancia del shabat por los bnei menashé (India): Honrar el sabbat en las colinas del noreste de la India

La observancia del shabat entre los bnei menashé, una comunidad judía de las colinas del noreste de la India, es una fusión única de costumbres judías tradicionales y el rico tapiz cultural de su patria india.

Prácticas culturales únicas

La observancia del shabat de los bnei beneshé suelen ser una mezcla de tradiciones judías y costumbres regionales:

- **Reuniones comunitarias:** Familias y vecinos se reúnen para las comidas comunitarias del shabat, fomentando un sentimiento de unidad y solidaridad.

- **Sabores tradicionales de la India:** Las comidas del shabat incluyen platos indios infusionados con especias locales, ofreciendo una celebración culinaria que resuena con los ricos sabores de la región.

Costumbres

- **Encendido de velas:** Encender las velas del shabat es una tradición muy apreciada, que significa el comienzo del día sagrado y evoca un sentido de espiritualidad.
- **Cantos y oraciones:** Los bnei menashé entonan canciones y oraciones que mezclan el hebreo y sus lenguas maternas, creando una experiencia musical y espiritual única.

Adaptación e integración

La observancia del shabat entre los bnei menashé ejemplifica la capacidad de la comunidad para mantener las tradiciones judías e integrar al mismo tiempo las costumbres locales. Sus costumbres del shabat evolucionaron a medida que viajaban a Israel, entrelazándose con las tradiciones judías más amplias. Sin embargo, su observancia sigue profundamente arraigada en las singulares tradiciones culturales y culinarias de su patria india, lo que demuestra su capacidad de adaptación y la importancia duradera del shabat en sus vidas.

Arte y poesía judíos yemeníes: Una expresión intemporal de fe y cultura

El arte y la poesía de los judíos yemeníes ofrecen una cautivadora ventana a una rica y antigua tradición judía profundamente entrelazada con la cultura yemení.

Prácticas culturales únicas

- **Manuscritos iluminados**: Los escribas judíos yemeníes crearon impresionantes manuscritos iluminados de textos sagrados, que combinaban una meticulosa caligrafía con vibrantes diseños geométricos.
- **Poesía casida:** Los judíos yemeníes tienen una larga tradición de componer casidas, poemas árabes que celebran temas religiosos y expresan devoción a Dios.

Costumbres

- **Decoración de sinagogas:** Las sinagogas yemeníes están adornadas con un elaborado arte, desde arcas de la Torá de intrincado diseño hasta coloridos suelos de mosaico.

- **Poesía litúrgica:** Las casidas se cantan durante los rituales religiosos, realzando la experiencia espiritual y conectando a la comunidad con su patrimonio poético.

Adaptación y preservación

- **Preservación de manuscritos:** A pesar de su diáspora, los judíos yemenitas han conservado diligentemente sus manuscritos iluminados, salvaguardando su patrimonio cultural y religioso.

- **Creación continua:** En Israel y otras comunidades de la diáspora, los artistas y poetas judíos yemeníes siguen creando obras que honran sus tradiciones a la vez que se adaptan a los contextos modernos.

El arte y la poesía judíos yemeníes son un testimonio del poder perdurable de la creatividad y la fe. Estas vibrantes expresiones de cultura y espiritualidad enriquecen el tapiz del patrimonio judío, sirviendo de puente entre el pasado y el presente.

Revitalización de la lengua ladina (judeoespañola): Preservar el patrimonio sefardí a través de la palabra

La lengua ladina, una preciosa joya lingüística, está experimentando un renacimiento, insuflando vida a la herencia judía sefardí y conectando a generaciones con sus raíces.

Prácticas culturales únicas

La revitalización del ladino se caracteriza por los esfuerzos por recuperar una lengua casi perdida para la historia:

- **Clases de ladino:** Comunidades de todo el mundo ofrecen clases de ladino para reencontrarse con su herencia.

- **Repositorios digitales:** Los esfuerzos por digitalizar textos y grabaciones en ladino garantizan que la lengua siga siendo accesible para las generaciones futuras.

Costumbres

- **Música ladina:** Las canciones y la música ladinas, con sus letras poéticas, sirven de puente cultural que refuerza la importancia de la lengua.

- **Literatura ladina:** Las obras literarias en ladino, incluidos los cuentos populares y los periódicos, son apreciadas por preservar la historia y la cultura sefardíes.

La revitalización del ladino significa algo más que un renacimiento lingüístico. Es una vibrante celebración de un patrimonio rico y diverso. A través del ladino, los judíos sefardíes honran a sus antepasados y forjan un legado cultural que trasciende el tiempo y las fronteras.

Bodas judías en Bujará: Un tapiz de tradiciones y celebraciones

Las bodas judías bujariana son una cautivadora mezcla de antiguas tradiciones y vibrantes celebraciones, reflejo del rico patrimonio cultural de la comunidad judía bujariana

Prácticas culturales únicas

- **Ceremonia de la henna:** Antes de la boda, las manos y los pies de la novia se adornan con intrincados diseños de henna, símbolo de belleza y protección.
- **Casamenteros:** Los casamenteros desempeñan un papel fundamental en la organización de matrimonios, haciendo hincapié en los vínculos familiares y la compatibilidad cultural.

Costumbres Customs

- **Siete bendiciones:** Durante la ceremonia se recitan siete bendiciones, cada una de las cuales hace hincapié en diferentes aspectos del amor, la alegría y la compañía.
- **Coronación:** Los novios son coronados, simbolizando su papel de rey y reina de su nueva vida juntos.

Las bodas judías bujarianas son un hermoso entramado de historia, cultura y amor. Muestran el espíritu perdurable de una comunidad que ha atravesado siglos de cambio manteniendo al mismo tiempo una profunda conexión con sus raíces.

Caligrafía y tejidos judíos sirios: Hilos de arte y devoción

El arte de la caligrafía y el tejido de los judíos sirios es testimonio de la perdurable creatividad y fe de una comunidad que ha enriquecido la cultura judía durante siglos.

Prácticas culturales únicas

- **Caligrafía hebrea:** Los escribas judíos sirios emplean una intrincada caligrafía hebrea, transformando los textos sagrados en obras de arte visuales.

- **Tejido de seda:** Los artesanos judíos sirios son famosos por sus tejidos de seda, que crean telas vibrantes que reflejan los colores y motivos de la región.

Costumbres

- **Rollos de la Torá:** Una elaborada caligrafía hebrea adorna los rollos de la Torá, dotando a estos textos sagrados de belleza artística y significado espiritual.

- **Talit:** Los talites de seda tejidos a mano son preciadas reliquias familiares que se transmiten de generación en generación y se llevan durante la oración.

La caligrafía y el tejido de los judíos sirios ejemplifican el legado perdurable de una comunidad que fusiona a la perfección la excelencia artística con la devoción religiosa.

Poesía y música judías persas: Ecos de una cultura intemporal

La poesía y la música de los judíos persas forman un exquisito tapiz que refleja las profundas conexiones culturales y espirituales de una comunidad que ha florecido durante siglos en el corazón de Irán.

Prácticas culturales únicas

- **Poesía persa:** Los poetas judíos persas han contribuido a la rica tradición de la poesía persa, tejiendo temas de amor, anhelo y espiritualidad.

- **Instrumentos musicales:** Los instrumentos tradicionales persas, como el tar y el setar, dan un sabor único a las composiciones musicales de los judíos persas.

Costumbres

- **Canciones de shabat:** Las comunidades judías persas tienen su repertorio de canciones de shabat, que combinan melodías hebreas y persas.

- **Oración poética:** La liturgia judía persa incluye a menudo oraciones poéticas, que añaden profundidad emocional a la observancia religiosa.

La poesía y la música judías persas son expresiones conmovedoras de la resistencia y la devoción de una comunidad. Estas tradiciones creativas sirven como puentes que conectan el pasado, el presente y el futuro, garantizando que el rico tapiz de la cultura judía persa siga siendo vibrante y perdurable.

La diáspora judía comprende muchas culturas distintas que comparten un patrimonio común. Desde el ladino hasta la poesía judía persa, las vibrantes tradiciones de las comunidades judías del mundo son legados vivos que honran a sus antepasados a la vez que inspiran a las generaciones futuras. A través del arte y la fe, estas costumbres intemporales seguirán enriqueciendo la cultura judía durante siglos. Al preservar y celebrar estas vibrantes expresiones culturales, los judíos honran a sus antepasados y se conectan con una comunidad judía mundial más amplia.

Conclusión

El judaísmo, una de las religiones monoteístas más antiguas del mundo, ha evolucionado significativamente desde sus inicios, moldeado por acontecimientos históricos, migraciones e interacciones con otras culturas y religiones. Esta evolución ha dado como resultado el diverso tapiz de tradiciones judías que vemos hoy en día.

Evolución histórica

- **Época bíblica:** En sus inicios, el judaísmo se centraba en el culto en el templo de Jerusalén, en los sacrificios de animales y en el estricto cumplimiento de la ley mosaica recogida en la Torá. El Éxodo y la entrega de los Diez mandamientos fueron acontecimientos fundamentales.

- **Diáspora:** La diáspora judía marcó un cambio fundamental, que comenzó con el exilio babilónico. Los judíos se dispersaron por todo el mundo, adaptándose a las culturas de sus países de acogida y manteniendo al mismo tiempo su identidad religiosa. Esta dispersión fomentó el sincretismo y el desarrollo de tradiciones distintas en diversas regiones.

- **El judaísmo rabínico:** Tras la destrucción del Segundo Templo en el año 70, surgió el judaísmo rabínico. Enfatizaba la autoridad de los rabinos, el estudio del Talmud y la importancia de las sinagogas y las prácticas religiosas en el hogar. El judaísmo rabínico se convirtió en la forma dominante de judaísmo.

Tradiciones notables y populares en la actualidad

- **Sabbat (shabat):** La observancia del shabat desde el viernes por la tarde hasta el sábado por la noche sigue siendo una piedra angular de la vida judía, marcada por el encendido de velas, la recitación de bendiciones y el disfrute de comidas festivas.
- **Pascua judía (Pésaj):** El Séder de Pascua, con sus alimentos simbólicos y la narración del Éxodo, es una celebración muy extendida, incluso entre los judíos laicos.
- **Janucá:** El encendido de la menorá y el intercambio de regalos durante Janucá siguen siendo costumbres judías populares y ampliamente reconocidas.

Tradiciones menos comunes

- **Peregrinación a Jerusalén:** Aunque visitar Jerusalén sigue siendo importante, el concepto de peregrinación al Templo, una práctica central en la antigüedad, ya no se observa debido a la ausencia del Templo.
- **Sacrificio de animales:** El sacrificio de animales, un aspecto fundamental del judaísmo primitivo, cesó con la destrucción del Segundo Templo y el paso al judaísmo rabínico.

Influencias y cruces con otras religiones

- **Influencia en el cristianismo:** El cristianismo, que surgió de un contexto judío, adoptó elementos de la tradición judía, como la Biblia hebrea (Antiguo Testamento) y la creencia monoteísta en un solo Dios. Sin embargo, también divergió significativamente en interpretaciones y prácticas teológicas, sobre todo en el papel de Jesús como Mesías.
- **Influencia en el islam:** El islam comparte algunos puntos en común con el judaísmo, como la creencia en un Dios único y la veneración por muchas figuras bíblicas. El Corán reconoce al "pueblo del libro", que incluye a los judíos, haciendo hincapié en las raíces religiosas comunes.
- **Influencia en el budismo:** Algunos estudiosos sugieren que las comunidades judías de la India podrían haber influido en el pensamiento budista primitivo. El concepto del sufrimiento y la

liberación del mismo se asemeja a los temas judíos.

- **Influencia de otras religiones en el judaísmo:** A lo largo de la historia, el judaísmo ha absorbido elementos de otras culturas y religiones en las tierras donde se asentaron los judíos. Este sincretismo enriqueció las tradiciones judías, dando lugar a prácticas como la mimuna (celebración judía norteafricana) y las costumbres judías bujarianas.

La evolución del judaísmo ha estado marcada por la adaptación, la resistencia y la interacción dinámica con otras religiones y culturas. Hoy es una fe diversa y vibrante, con un rico tapiz de tradiciones que reflejan la trayectoria histórica del pueblo judío. Mientras que algunas prácticas se han desvanecido en la historia, otras siguen siendo parte integrante de la vida judía contemporánea, ofreciendo una mezcla única de continuidad y adaptación que define al judaísmo en el mundo moderno.

Glosario de términos

Un glosario de la A a la Z de términos de diversas tradiciones judías, junto con su pronunciación y traducciones al español:

- **Amidá (a-mi-dá):** Oración central judía que se recita de pie, también conocida como Shemoneh Esrei.
- **Asquenazí (as-ke-na-zí):** Judíos de ascendencia europea oriental, conocidos por su música klezmer.
- **Bar mitzvá (bar mitz-vá):** Ceremonia de mayoría de edad de un niño judío a los trece años.
- **Bat Mitzvá (bat mitz-vá):** Ceremonia de mayoría de edad de una niña judía a los doce o trece años.
- **Birkat HaMazón (Bir-kat ha-ma-zón):** La gracia que se recita después de las comidas, dando gracias a Dios.
- **Bnei menashé (b-nei me-na-shé):** Un grupo de la India y Myanmar con singulares observancias del shabat.
- **Brit milá (brit mi-lá):** La ceremonia judía de la circuncisión.
- **Jalá (ja-lá):** Pan trenzado que se come tradicionalmente en shabat.
- **Jupá (ju-pá):** Un toldo de boda que simboliza el hogar que la pareja construirá.
- **Dreidel (drei-del):** Peonza que se utiliza durante el juego de Janucá.

- **Eijá (ei-já):** El Libro de las Lamentaciones, leído en Tisha B'Av.
- **Haftará (haf-ta-rá):** Selección de los Profetas que se lee después de la porción de la Torá.
- **Janucá (ja-nu-ká):** La Fiesta de las Luminarias conmemora el milagro del aceite.
- **Jazanut (ja-za-nut):** Arte de la música cantorial, interpretada por cantores (jaz).
- **Kadish (ka-dish):** Oración que se recita en memoria del difunto.
- **Ketubá (ke-tu-bá):** Contrato matrimonial judío.
- **Kidush (ki-dush):** Bendición sobre el vino para santificar el shabat.
- **Klezmer (klez-mer):** Música instrumental tradicional judía asquenazí que suele asociarse a celebraciones
- **Kol Nidré (kol-ni-dré):** Oración especial en la víspera de Yom Kipur
- **Lulav y etrog (lu-lav y et-rog):** Plantas utilizadas en los rituales de Sucot.
- **Matzá (mat-zá):** Pan ácimo que se come durante la Pascua judía.
- **Mezuzá (me-zu-zá):** Pergamino con versículos de la Torá que se coloca en los postes de las puertas de las casas judías.
- **Menorá (me-no-rá):** Candelabro de siete brazos, a menudo asociado con el Templo de Jerusalén.
- **Midrash (mid-rash):** interpretaciones y elaboraciones rabínicas de textos bíblicos.
- **Mizrají (miz-ra-jí):** judíos de ascendencia norteafricana y de Oriente Medio con diversas tradiciones culinarias.
- **Mohel (mo-hel):** Persona capacitada para realizar circuncisiones.
- **Neilá (nei-lá):** El servicio de clausura de Yom Kipur
- **Pizmonim (piz-mo-nim):** Canciones tradicionales sefardíes que suelen cantarse en ocasiones festivas.
- **Purim (pu-rim):** Una alegre festividad que celebra la historia de Ester.
- **Rosh Hashaná (rosh- ha-sha-ná):** Año Nuevo judío
- **Séder (Sé-der):** Comida y ceremonia ritual de las dos primeras noches de la Pascua judía.

- **Shabat (sha-bat):** El sabbat judío, que se observa desde el viernes por la tarde hasta el sábado por la noche.

- **Shemá (she-má):** La principal declaración de fe judía que se encuentra en la Torá (Deuteronomio 6:4).

- **Sheva Berajot (she-va be-ra-jot):** Siete bendiciones recitadas durante una ceremonia de boda judía.

- **Shivá (shi-vá):** Luto de siete días tras el entierro de un familiar cercano.

- **Shofar (sho-far):** Cuerno de carnero que se toca en algunas fiestas judías.

- **Sucá (Su-ká):** Cabaña temporal construida para la festividad de Sucot.

- **Sucot (su-kot):** Fiesta de los Tabernáculos o de las Cabañas

- **Sinagoga(sin-a-goga):** Lugar de culto judío, a menudo con características arquitectónicas distintivas.

- **Talit (ta-lit):** Manto de oración con flecos (tzitzit) que se usa durante la oración.

- **Tashlij (tash-lij):** Ritual que consiste en arrojar simbólicamente los pecados a una masa de agua.

- **Tefilín (te-fi-lín)** - Pequeñas cajas negras que contienen versículos de la Torá y que se llevan durante las oraciones matutinas de los días laborables.

- **Tisha B'Av (ti-sha bav):** Día de ayuno por la destrucción del Primer y Segundo Templo.

- **Torá (To-rá):** El texto central y más sagrado del judaísmo, que comprende los cinco primeros libros de la Biblia.

- **Tu Bishvat (tu bish-vat):** Fiesta judía en la que se celebra el Año Nuevo de los Árboles, a menudo con un Séder.

- **Iortzait (ior-zait):** Aniversario de la muerte de un ser querido.

- **Izkor (iz-kor):** Servicio conmemorativo que se celebra en determinados días festivos.

- **Yom Kipur (Yom kip-pur):** Día de la Expiación, celebrado con un ayuno de 25 horas.

Mira otro libro de la serie

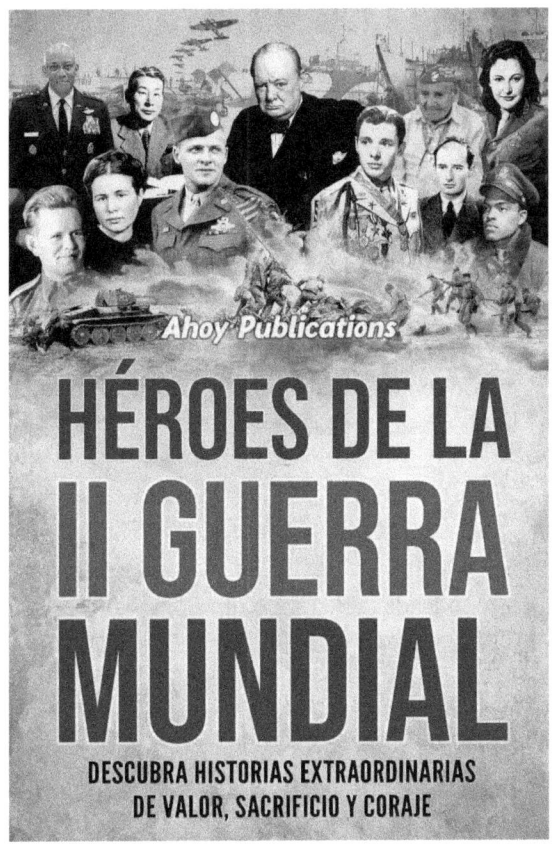

Referencias

(S.f.). Com.au. https://culturalatlas.sbs.com.au/religions/judaism/resources/judaism-rituals-and-practices

Cómo organizar la mejor cena de shabat — My Jewish Life magazine. (s.f.). Googleadservices.com. https://myjewishmommylife.com/2019/09/10/how-to-host-an-elegant-dinner-party-for-shabbat/Jewish custom. (s.f.). Judaism. https://www.keralatourism.org/judaism/life/jewish-custom

Explicación de las fiestas y celebraciones judías. (2017, noviembre 5). Peninsula Jewish Community Center. https://pjcc.org/jewish-life/jewish-holidays-explained/

Las tradiciones judías explicadas. (2018, octubre 5). JConnect; Jconnet. https://www.jconnect.org/resources/jewish-traditions-explained/

Mitchell, T. (2016, marzo 8). 5. Creencias y prácticas judías. Pew Research Center's Religion & Public Life Project. https://www.pewresearch.org/religion/2016/03/08/jewish-beliefs-and-practices/

Mitchell, T. (2021, mayo 11). 3. Prácticas y costumbres judías. Pew Research Center's Religion & Public Life Project. https://www.pewresearch.org/religion/2021/05/11/jewish-practices-and-customs/

Novak, D., Greenberg, M., Pines, S., Silberman, L. H., Dimitrovsky, H. Z., Vajda, G., Hertzberg, A., Cohen, G. D., Gaster, T. H., Feldman, L. H., & Baron, S. W. (2023). Judaísmo. En Encyclopedia Britannica.

Prague City Line » Tradiciones y costumbres judías. (s.f.). Praguecityline.com. https://www.praguecityline.com/jewish-prague/jewish-traditions-and-customs